UN LIVRE SUR L'ENVIRONNEMENT PAS COMME LES AUTRES

ELIN KELSEY

Illustrations de
Clayton Hanmer

Traduction de
Josée Latulippe

Un livre sur l'environnement PAS comme les autres est la traduction de *NOT Your Typical Book about the Environment* de Elin Kelsey (ISBN 978-1-897349-84-7) © 2010, Owlkids Books Inc.

Catalogage avant publication de Bibliothèque et Archives nationales du Québec et Bibliothèque et Archives Canada

Kelsey, Elin

Un livre sur l'environnement pas comme les autres

(Planète verte)
Traduction de : Not your typical book about the environment.
Comprend un index.
Pour les jeunes de 9 à 13 ans.

ISBN 978-2-89579-373-1

1. Écologie humaine - Ouvrages pour la jeunesse. 2. Style de vie durable - Ouvrages pour la jeunesse. 3. Biens de consommation durables - Ouvrages pour la jeunesse. I. Hanmer, Clayton, 1978- . II. Titre.

GF48.K4514 2011 j304.2 C2010-942577-4

Nous reconnaissons l'aide financière du gouvernement du Canada par l'entremise du Fonds du livre du Canada (FLC) pour des activités de développement de notre entreprise.

Conseil des Arts du Canada — Canada Council for the Arts

Bayard Canada Livres inc. remercie le Conseil des Arts du Canada du soutien accordé à son programme d'édition dans le cadre du Programme des subventions globales aux éditeurs.

Cet ouvrage a été publié avec le soutien de la SODEC. Gouvernement du Québec – Programme de crédit d'impôt pour l'édition de livres – Gestion SODEC.

Dépôt légal – Bibliothèque et Archives nationales du Québec, 2011
Bibliothèque et Archives Canada, 2011

Illustrations : Clayton Hanmer

Direction : Andrée-Anne Gratton
Mise en page : Danielle Dugal
Traduction : Josée Latulippe
Révision : Anne Bricaud

4475, rue Frontenac
Montréal (Québec)
Canada H2H 2S2
Téléphone : 514 844-2111 ou 1 866 844-2111
Télécopieur : 514 278-0072
Courriel : edition@bayardcanada.com
Site Internet : www.bayardlivres.ca

Imprimé au Canada

Pour Kip, Esmé, Katherine, James, Matthias, Lucas, Alanna, Fiona, Marielle et Sylvie

AVERTISSEMENT :

CE LIVRE SUR L'ENVIRONNEMENT N'EST PAS COMME LES AUTRES !

Il n'est pas rempli de messages apocalyptiques sur l'état de la planète. Il ne vous tient pas pour responsables des changements climatiques, ni toi, ni ta petite sœur, ni ton oncle Henri. Il ne présente pas de problèmes énormes et complexes, trop gros pour qu'on puisse les résoudre. Ah oui ! le mot « extinction » n'est pratiquement pas employé. En fait, il est fort probable que la lecture de ce livre te remplisse d'espoir… et peut-être même de bonheur.

Je m'appelle Elin, *et j'ai écrit ce livre pour toutes les personnes qui aiment les innombrables choses extraordinaires liées à la vie sur Terre : des choses toutes simples comme nager dans la mer ou la première neige de la saison, jusqu'à l'excitation de découvrir d'étonnantes nouvelles idées. Je l'ai écrit parce que, peu importe où le regard se pose, on est bombardé de ces messages désespérés sur l'avenir de notre planète. J'ai voulu écrire un livre sur l'environnement qui soit rempli d'espoir.*

Car voilà : ce discours apocalyptique n'est qu'un côté de la médaille. Tu n'es pas le bonhomme Sept-Heures de la nature. Tu es la nature. Les liens qui existent entre toi et ce monde merveilleux dépassent ton imagination la plus folle. Les plumes de ton oreiller ont probablement poussé sur le dos d'un canard élevé en Chine. La mousse qui remplit tes animaux en peluche a été fabriquée à partir de restes de plantes et d'animaux microscopiques ensevelis dans les profondeurs de la Terre depuis 400 millions d'années. L'air que tu respires est plein d'insectes, de plantes minuscules et de pollen provenant de plus de 100 000 espèces de plantes à fleurs. Tous ces liens signifient que tu as du pouvoir.

Quel pouvoir ? Eh bien, le pouvoir de choisir ! Ce que tu portes, comment tu te rends à l'école, ce que tu manges... Les façons de vivre parmi lesquelles tu peux choisir sont infinies. Selon les chercheurs qui étudient le bonheur (crois-le ou non, certaines personnes, dans les universités, étudient ce qui nous rend heureux !), ces choix peuvent te rendre, toi, ainsi que les autres et les millions d'animaux et de plantes de la Terre, beaucoup plus heureux. Tu découvriras dans ce livre comment ton jeu vidéo préféré influence la vie des gorilles africains, comment des bouteilles de boisson gazeuse peuvent se transformer en ton chandail molletonné préféré et comment un vélo peut pousser dans ta cour. Tout dépend de ta façon d'imaginer le monde.

Tu es prêt à explorer les liens extraordinaires qui existent entre toi et tous les autres éléments de la Terre ?

Alors tourne la page !

Pétro
Chapitre un
LA MODE MINUTE
Il est temps de ralentir !
coton
pétrole

Il est déjà l'heure ? Tu vas être en retard ! Tu t'arraches à la chaleur de ton lit et ouvres brusquement tes tiroirs.

Hé ! Que s'est-il passé là-dedans ? Là où devraient se trouver tes jeans et tes t-shirts, des touffes de soyeuses fibres blanches, aussi douces que la queue d'un lapin, pendent sur des tiges ! Du pétrole, épais et gluant, forme des flaques dans le fond de ton tiroir à chaussettes et dégoutte des cintres, dans ta garde-robe. Mais où sont tes vêtements ?

Tu ne le conçois habituellement pas de façon aussi spectaculaire, mais tes vêtements proviennent de choses qui ont déjà été vivantes. Les t-shirts et les jeans commencent leur vie sous la forme de coton, qui pousse dans des régions comme l'Inde ou le sud des États-Unis. Les chaussettes, les maillots de bain, les chemises, les pyjamas duveteux et les vestes contiennent des atomes provenant de minuscules organismes aquatiques qui nageaient jadis dans une mer préhistorique. Entre leur naissance et le centre commercial, ces formes de vie microscopiques sont mortes, ont été ensevelies dans la boue et ont fini par être écrasées et chauffées, formant du pétrole dans les profondeurs de la Terre. Des centaines de millions d'années plus tard, nous, les humains, pompons cet « or noir » jusqu'à la surface et l'acheminons vers les raffineries, où il est transformé en tissus synthétiques comme l'acrylique et le polyester.

Aujourd'hui, la moitié des tissus de la planète sont composés de produits chimiques à base de pétrole.

Chaque année, les humains dépensent en tout mille milliards de dollars en vêtements. Plus des deux tiers de tous ces vêtements sont achetés par les habitants des États-Unis, du Canada et d'Europe occidentale, soit une toute petite partie de la population mondiale. Tu possèdes probablement beaucoup plus de vêtements que tes parents lorsqu'ils étaient jeunes. Le poids moyen des vêtements que chaque élève de ta classe achète en une année correspond au poids d'un golden retriever adulte. La mode change de plus en plus vite et la tentation d'acheter de nouveaux vêtements est plus grande que jamais. Tu vois plus de publicités en une journée que tes grands-parents n'en voyaient pendant toute leur vie !

Mais tout comme manger trop de repas-minute bon marché n'est pas bon pour ton corps, un excès de mode minute bon marché n'est pas bon pour la Terre. Toutes ces modes jetables engloutissent des matières premières trop rapidement pour que la Terre puisse les régénérer et elles utilisent d'énormes quantités de pétrole, qui ne pourra jamais être remplacé. De plus, pour fabriquer des vêtements à si bas prix, les entreprises ont parfois tendance à moins respecter l'environnement ou à sous-payer les gens qui cultivent et produisent leurs matières premières. Le problème, c'est qu'il y a tellement d'étapes entre la récolte, la production de la fibre, l'usine, le transporteur, le distributeur et le magasin que tu ne peux pas voir ces aspects négatifs. Tu cherches simplement une nouvelle chemise.

Avant que toutes ces inquiétudes au sujet des vêtements te donnent l'idée de ne plus en porter (brrr !), réfléchis à ceci : partout dans le monde, des spécialistes sont en train d'inventer des tissus plus sécuritaires et plus sains pour confectionner des vêtements, et transforment les vêtements que nous ne portons plus par des moyens que tu n'aurais jamais imaginé ! *Alors habille-toi confortablement, puis tourne la page...*

TES VÊTEMENTS ONT-ILS TRÈS SOIF ?

Comment rendre notre garde-robe aussi inoffensive pour l'environnement qu'elle est à la mode ?

Du style, une couleur seyante, du confort et un bon prix… la dernière chose à laquelle tu penses quand tu magasines est certainement la quantité de liquide que consomment tes vêtements. Mais parmi tes habits préférés, plusieurs ont une soif presque inextinguible. Chaque année dans le monde, près de 2,5 milliards de t-shirts sont vendus. Contrairement aux tissus synthétiques comme le polaire, les fibres de ton t-shirt 100 % coton et de ton jean en denim ont été cultivées, pas fabriquées. Le coton produit selon la méthode traditionnelle est cultivé de façon intensive (la plus grosse récolte possible sur une parcelle de terre donnée). Et c'est une plante assoiffée. Il faut l'équivalent de 25 baignoires remplies d'eau pour cultiver suffisamment de coton pour un seul t-shirt. Il faut aussi beaucoup de pétrole pour faire fonctionner la machinerie agricole et produire des engrais. De plus, il faut encore plus de pétrole pour fabriquer les quantités astronomiques de pesticides chimiques utilisés pour empêcher les insectes, les souris et autres animaux d'endommager les récoltes.

Le t-shirt « parfait »

Dans le but de trouver des solutions plus vertes, des créateurs ont lancé un concours pour confectionner le t-shirt « parfait », fabriqué à partir de matériaux qui causent le moins de tort possible à la planète. Lequel choisirais-tu de porter ? Voici les concurrents.

T-shirt A : *le bambou*

Cette plante pousse comme le haricot magique de Jacques. Elle atteint sa taille adulte en trois ou quatre ans, sans l'aide de pesticides. Elle nécessite beaucoup moins d'eau que le coton et résiste à la sécheresse.

Mais : Ses détracteurs affirment que les procédés utilisés pour transformer le bambou en t-shirts exigent une grande quantité d'horribles produits chimiques toxiques.

T-shirt B : *le chanvre*

Le chanvre aussi pousse très rapidement et nécessite beaucoup moins d'eau et de terre cultivable que le coton.

Mais : Ses détracteurs estiment qu'on ne devrait pas le cultiver, parce qu'il est un cousin de la marijuana. Le chanvre industriel est légal au Canada, dans certaines parties d'Europe, en Chine, en Inde… mais pas encore aux États-Unis.

T-shirt C : *le coton biologique*

Ses partisans l'adorent parce que la culture d'une partie du coton biologique se fait sans irrigation. On utilise donc moins d'eau que pour le coton conventionnel. Pour fertiliser leurs récoltes ou les protéger des insectes et animaux nuisibles, les agriculteurs biologiques ne doivent employer que des produits chimiques dérivés de sources naturelles, comme les plantes et les minéraux. L'agriculture biologique suppose la rotation des cultures, ce qui enrichit le sol et fournit un habitat aux oiseaux, abeilles et autres animaux sauvages.

Mais : Ses détracteurs soutiennent que, comme le rendement du coton biologique est moins élevé, il faut détruire une plus grande superficie d'habitat naturel pour produire le même nombre de t-shirts. De plus, chaque t-shirt coûte plus cher. Ils font aussi remarquer que « biologique » ne signifie pas nécessairement « sans pesticides ». De plus, un grand nombre de produits chimiques d'origine naturelle utilisés par les agriculteurs biologiques sont tout de même toxiques.

T-shirt D : *l'usagé*

Acheter des t-shirts usagés dans une friperie est une excellente façon d'éviter les coûts de fabrication de t-shirts neufs : ils sont déjà fabriqués ! De plus, ils sont abordables, uniques et ravissants.

Mais : Ses détracteurs disent : « Je veux du neuf ! »

Ta garde-robe est-elle inoffensive pour l'environnement ?

Avoir une garde-robe verte et peu énergivore n'est pas si compliqué. Tu en fais peut-être déjà plus que tu ne le penses. Accorde-toi des points si :

- Tu as des vêtements de seconde main, qu'on t'a donnés ou que tu as achetés dans des friperies.
- Tu as des vêtements que tu portes depuis plus d'un an.
- Tu as emprunté une combinaison de ski ou de plongée pour tes vacances, au lieu d'en acheter une que tu utiliserais rarement.
- Tu ne laves pas tes vêtements chaque fois que tu les as portés.
- Tu fais sécher tes vêtements sur une corde à linge.
- Tu possèdes un article fait de tissu écologique.
- Tu possèdes un vêtement qui a été raccommodé.
- Tu salis tes vêtements en jouant dehors.
- Tu fais don de tes vêtements tachés ou usés à une compagnie qui les transforme en chiffons.

Garder tes vêtements verts et propres

La plus grande partie de l'énergie consommée par les machines à laver sert uniquement à chauffer l'eau. Chaque fois que tu (ou la personne qui fait tout ce lavage... ah oui, ton père ou ta mère !) règles la température de l'eau à FROIDE, tu économises de l'énergie. Si tous les Américains lavaient leurs vêtements à l'eau froide, cela réduirait les émissions de carbone autant que si dix millions de voitures de moins roulaient sur nos routes chaque année.

Plusieurs quartiers avaient interdit les cordes à linge, car les gens les trouvaient laides. Aujourd'hui, les gouvernements redonnent aux gens le droit de faire sécher leurs vêtements à l'extérieur, afin de réduire les émissions de carbone. Adieu les sécheuses énergivores !

DES TISSUS ÉCOLOGIQUES SURGISSENT DE PARTOUT !

Chic et vert

Jusqu'à tout récemment, la mode écologique était synonyme de pantalon de yoga en coton bio et t-shirt informe en lin. Aujourd'hui, les grandes marques comme Versace, Diesel et Stella McCartney, de même que des stylistes dans de plus petits créneaux, créent une mode plus verte. Ils utilisent des fibres naturelles fabriquées à partir de sources plus renouvelables comme le bambou ou des tissus récemment inventés, par exemple la Lyocell, une fibre souple fabriquée à partir de papier recyclé et de pâte de bois obtenue par des procédés écologiques.

Une fibre d'origine inattendue

Les chimistes ne font pas partie des gens qu'on s'attend à voir aux défilés de mode. Ils sont pourtant au cœur de l'apparition récente des nombreux nouveaux tissus écologiques. Poussés par la nécessité de trouver des solutions de remplacement renouvelables et moins toxiques aux fibres synthétiques et au coton, les chimistes produisent des textiles à partir de certaines sources insoupçonnées. Une équipe de chimistes du Nebraska, par exemple, a mis au point une combinaison spéciale de produits chimiques et d'enzymes dans le but de produire, à partir de plumes de poulet, des fibres qui ressembleront à la laine, et à partir de paille de riz, un tissu qui aura l'allure et la texture du coton. Compte tenu des millions de tonnes de plumes de poulet et de paille de riz qu'on retrouve chaque année dans les fermes avicoles partout dans le monde, de telles innovations pourraient bien se révéler être la poule aux œufs d'or.

Bouffe d'avion

Soja, banane, pousses de bambou et légumes... plusieurs tissus écologiques semblent comestibles. Tu pourrais effectivement manger le tissu recouvrant les sièges de certains avions de la compagnie Lufthansa. L'histoire de ce tissu exceptionnel commence au moment où le gouvernement suisse insiste pour que, lors de la fabrication des housses pour les sièges, les déchets de coupe soient traités comme des déchets toxiques, parce qu'ils contiennent de nombreux produits chimiques dangereux.

Plutôt que d'emprunter la voie coûteuse de l'élimination des déchets dangereux ou celle moins éthique de leur transfert dans un autre pays où les exigences en matière de protection environnementale et de santé publique sont moins élevées, le manufacturier de textiles Rohner Textil AG conçoit une troisième option : un tissu écologique, non toxique dès le départ ! Plusieurs éléments ont dû être modifiés, de la source de la matière première à la façon dont leur usine fonctionne. Mais l'entreprise a tellement bien réussi son pari que l'eau utilisée dans la production est aujourd'hui plus propre quand elle sort de l'usine que lorsqu'elle y entre ! Même si ce nouveau tissu écologique n'est pas destiné à servir de nourriture, on pourrait le manger sans danger.

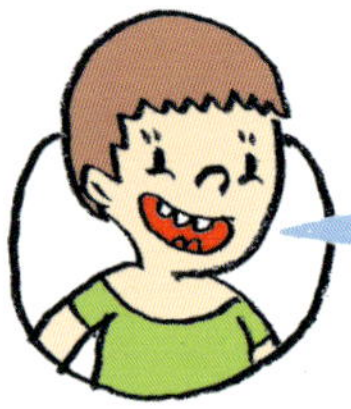

Elin t'explique

COMMENT LES LOUTRES DE MER SONT LIÉES AUX BÂTONNETS DE POISSON

En quoi l'histoire de la mode concerne-t-elle le contenu de ton congélateur ?

Découvre-le !

Les forêts de varech servent de pouponnière pour les bébés poissons.
Les bébés poissons grandissent, deviennent plus gros et se font manger par des prédateurs comme la merluche blanche.
Les pêcheurs capturent la merluche blanche.
CAP'TAINE BARBE BLANCHE
BÂTONNETS DE POISSON
La merluche blanche et d'autres poissons deviennent les bâtonnets qui se trouvent dans une boîte, dans ton congélateur.
À cause de la surpêche de merluche blanche et d'autres poissons, il y a moins de nourriture pour les otaries et les phoques. Comme les populations d'otaries et de phoques diminuent, les épaulards, qui avaient l'habitude de s'en nourrir, mangent plutôt des loutres de mer.
Mais tu connais un moyen d'aider la merluche blanche et les loutres de mer !
Tu télécharges le programme de SeaChoice pour ton téléphone cellulaire ou tu consultes le Guide canadien des poissons et des fruits de mer…
www.seachoice.org
… et tu choisis plutôt des espèces de poissons renouvelables, comme le flétan du Pacifique, pour tes bâtonnets de poisson. Ils sont capturés selon des méthodes de pêche qui n'épuisent pas les ressources et qui permettent aux loutres de mer et aux épaulards de vivre en santé.
Ne t'en fais pas… c'est de l'imitation.
Invite une loutre de mer à prendre un bon repas de fruits de mer… mais assure-toi de ne PAS porter un chapeau de fourrure !

LES BOUTEILLES, ON BOIT DEDANS OU... ON LES PORTE ?

Fais le calcul !

Les bouteilles de plastique. Elles sont partout, peuvent contenir toutes sortes de produits, de la boisson gazeuse au jus, en passant par de l'eau et des produits de nettoyage. Et quand tu recycles une bouteille, elle devient une nouvelle bouteille, n'est-ce pas ? Eh bien, pas toujours. En fait, il se peut qu'en ce moment même tu portes une vieille bouteille de soda racinette ! Faisons un peu de mathématiques...

25 bouteilles de plastique = 1 veste neuve en polaire

Si elles ont de la chance, les bouteilles de plastique contenues dans ton bac de recyclage se retrouveront dans une manufacture de vestes en polaire. Comme les bouteilles de boisson gazeuse, les vêtements en fibres synthétiques sont principalement des matières plastiques et sont composés de polymères à base de pétrole. Les polymères sont de grosses molécules formées d'unités chimiques qui se répètent, un peu comme des perles sur un fil. Les bouteilles peuvent être hachées en flocons, lavées, séchées et fondues. Le plastique fondu est ensuite pressé pour former de longues fibres, qui sont filées puis tissées pour confectionner ta veste si douillette.

1 vieille veste en polaire + quelques bouteilles = 1 veste neuve

Ce qui est bien avec le polaire, c'est que lorsqu'il est usé, on peut le recycler de nouveau pour fabriquer une veste toute neuve. De plus en plus de manufacturiers se spécialisent dans les fibres recyclées. Alors, quand ta vieille veste de polaire sera trop usée pour la donner à ton petit cousin, fais une recherche dans les répertoires du site www.recyc-quebec.gouv.qc.ca et va la porter dans un magasin qui dispose d'un programme de recyclage. Elle sera retransformée en polyester, combinée avec des matériaux neufs, puis étirée pour donner des fibres synthétiques. Et hop ! voici une nouvelle veste en polaire.

Une importante chaîne de supermarchés britanniques a été la première à créer une gamme de vêtements à la mode, chemises, pantalons et jupes, fabriqués à partir de sacs de plastique, d'emballages alimentaires et même de barquettes à viande que ses magasins avaient l'habitude de jeter !

150 vestes en polaire permettent d'ÉPARGNER 1 baril de pétrole

On ne recycle actuellement en Amérique du Nord que le quart de toutes les bouteilles de plastique. Chaque fois que tu mets une bouteille de plastique dans un bac de recyclage, tu réduis la quantité d'énergie, de déchets, de pollution et de gaz à effet de serre nécessaires pour transformer le pétrole brut en plastique. C'est important, car le pétrole est une ressource non renouvelable. Contrairement aux arbres qui peuvent être remplacés grâce à leurs graines, le pétrole disparaît une fois qu'on l'a utilisé.

Les poissons et les tortues de mer te remercient !

Quand tu magasines avec un sac de toile, c'est bon pour les animaux marins. Pourquoi ? Parce que, chaque fois, un sac de moins risque de se retrouver dans l'océan, en entier ou en morceaux. Les fabricants de plastique expédient chaque année 235 millions de tonnes de minuscules grains de plastique, appelés « granulés plastiques », dans des usines partout dans le monde. Petits et légers comme des lentilles, ces granulés plastiques s'échappent des conteneurs de transport et sont emportés dans la mer. Malheureusement, des poissons et des oiseaux marins les prennent pour du plancton ou des œufs de poissons et les avalent. Souvent, ces animaux meurent ensuite de faim, car le plastique ingurgité ne laisse plus de place dans leur estomac pour de la nourriture.

« Non » dans toutes les langues

Chaque fois que tu dis non à un sac de plastique, tu envoies un message, et celui-ci est entendu De Taiwan au Bangladesh, en passant par l'Irlande et la Thaïlande, un nombre croissant de villes du monde bannissent les sacs de plastique non recyclable ou imposent des taxes à ceux qui les utilisent encore. En 2008, le gouvernement chinois a interdit à tous les magasins d'offrir gratuitement des sacs de plastique. En un an, les 1,3 milliard de Chinois ont utilisé 40 milliards de sacs de moins, épargnant ainsi les 1,45 million de tonnes de pétrole qui auraient été nécessaires pour les produire.

DES DÉCHETS MÉTAMORPHOSÉS !

Tu veux donner une nouvelle vie à tes rebuts ?
Il existe de nombreuses façons de bien utiliser ses déchets.

Des entreprises de réutilisation et de recyclage, qui produisent de nouveaux articles à partir de déchets, un peu partout dans le monde. Que ce soient des déchets alimentaires, de vieux vêtements ou des produits animaux, elles transforment tout ce dont nous n'avons plus besoin en des produits étonnants. *Jette un coup d'œil !*

Trouver chaussure sous son pied !

Aux États-Unis, quand leurs chaussures de sport sont trop usées et sentent trop mauvais pour qu'elles puissent servir à d'autres, les gens peuvent en faire don au programme Reuse-A-Shoe (Réutilisons les chaussures) de la compagnie Nike. Depuis qu'ils ont commencé à recueillir des chaussures de sport complètement usées (ils acceptent toutes les marques), les gens de Nike en ont recyclé plus de 22 millions de paires. Les chaussures sont tranchées en trois sections, puis hachées selon les matériaux de base utilisés : le caoutchouc de la semelle extérieure, la mousse de la semelle intercalaire et le tissu de la partie supérieure. Le caoutchouc sert à fabriquer des terrains de soccer et de football. La mousse est utilisée pour faire des courts de tennis. Le tissu devient l'assise placée sous le plancher de bois des terrains de basketball. Voici combien de chaussures sont nécessaires pour créer ces endroits si plaisants :

- *Terrain de basketball :* 2 500 paires
- *Court de tennis :* 2 500 paires
- *Terrain de soccer :* 50 000 à 75 000 paires
- *Piste de course :* 75 000 paires
- *Terrain de jeu :* 2 500 paires

INSPIRÉS PAR LA NATURE

Utilisons le génie de la nature pour mieux concevoir des vêtements, des édifices, des machines, et bien d'autres choses encore !

Biomimétique (*n.f.*)

La biomimétique est l'utilisation des meilleures idées biologiques de la nature pour résoudre les problèmes humains. En d'autres mots, c'est se demander : « Que ferait la nature ? » Les humains sont encore loin de vivre de manière durable sur cette planète, mais les 5 à 100 millions d'espèces avec qui nous la partageons ont, pour nous aider, un génie qui a fait ses preuves.

Quand tu regardes une forêt, que vois-tu ? Un tas d'arbres ? Une source de bois ? Et pourquoi pas une façon de repenser toute la notion de déchet ? Nous fabriquons habituellement des produits « du berceau au tombeau », qu'on jette au dépotoir à la fin de leur vie, mais un nombre croissant d'entreprises créent des produits dont les différentes parties usagées peuvent être transformées en quelque chose de neuf. Cette vision « du berceau au berceau » cherche à se débarrasser complètement du concept de déchet : c'est une idée empruntée à la nature. Les vieux produits deviennent la matière première servant à fabriquer de nouveaux produits, tout comme le bois d'un arbre mort se décompose pour donner de la terre, qui nourrit la croissance de nouvelles pousses.

Tu te demandes comment concevoir quelque chose ? Sors et regarde autour de toi

Tu n'as pas à aller dans un quelconque lieu exotique pour voir comment la nature fonctionne. Sors tout simplement dans ta cour et observe de quelle façon chaque organisme s'est si élégamment adapté à son habitat, même le plus petit. Souvent, les solutions technologiques dont nous avons besoin pour vivre de façon durable sur la planète sont là, tout près, à notre porte. La biomimétique a déjà été utilisée pour concevoir divers produits : les pattes des ours polaires ont inspiré les chaussures de course, les fleurs de bardane ont conduit au Velcro. Tu veux connaître d'autres façons par lesquelles la biomimétique modifie la pensée scientifique ? Lis ce qui suit !

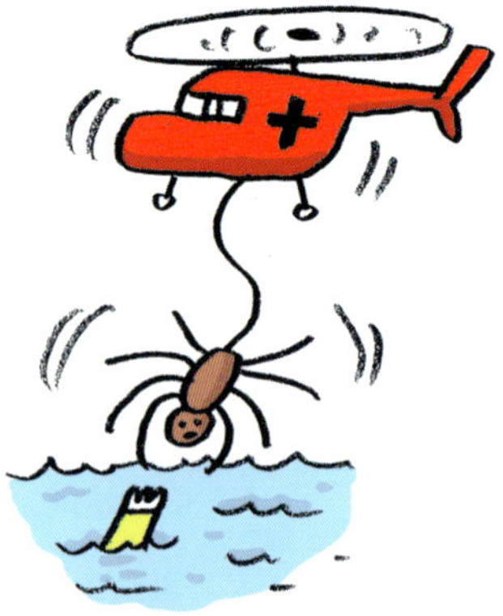

De la soie à haute performance :
Les Drs David Knight et Fritz Vollrath (Oxford Biomaterials) inventent des façons originales de copier la capacité de l'araignée à tisser de la soie sans utiliser de chaleur ou des produits chimiques toxiques. La nouvelle substance, appelée « Spidrex », est extraordinairement solide et peut servir pour les sutures chirurgicales ou pour fabriquer des vêtements de protection pour les sauveteurs.

Une minuscule photopile :
Les Drs Devens Gust, Thomas Moore et Ana Moore (Université de l'état d'Arizona) étudient la façon dont les feuilles captent l'énergie du soleil, dans le but de concevoir des systèmes artificiels de photosynthèse capables de produire et d'emmagasiner de l'énergie dans de minuscules piles solaires.

Des vêtements autonettoyants : Le Dr Wilhelm Barthlott (Institut Nees pour la biodiversité des plantes) et ses collègues ont imité la capacité naturelle des feuilles de lotus à repousser la saleté en créant des tissus et de la peinture à « surface intelligente », qui peuvent pratiquement s'autonettoyer. Lorsqu'on fait couler de l'eau sur ces surfaces, celle-ci perle et roule, emportant avec elle la saleté.

Une colle sous-marine : Les moules se fixent aux rochers à l'aide d'une substance adhésive assez puissante pour résister aux vagues fracassantes. Le Dr Russell Stewart (Université de l'Utah) étudie les propriétés chimiques de ces filaments extraordinairement collants dans l'espoir de concevoir des colles médicales pouvant adhérer aux surfaces humides à l'intérieur du corps humain.

Pansements « pattes de lézard » : Le Dr Jeffrey Karp (Brigham and Women's Hospital) a créé des pansements recouverts de millions de minuscules piliers qui imitent les poils nanoscopiques (encore plus petits que microscopiques), appelés « sétules » ou « setæ », qu'on retrouve sous les pattes du gecko. Grâce à une attraction intermoléculaire, les sétules permettent aux pattes du lézard d'adhérer à presque n'importe quelle surface. Ces pansements pourraient bientôt servir à refermer les plaies sans recourir à des points de suture.

Des remèdes naturels : En Ouganda, la Dre Sabrina Krief (Musée national d'histoire naturelle de Paris) et ses collègues ont observé des chimpanzés qui, chaque matin, mangeaient un mélange de feuilles et de terre. Ils ont découvert que ce mélange protégeait efficacement les singes contre la malaria, une maladie mortelle affectant aussi les humains.

LE COIN DE L'EXPERTE !

Bryony Schwan

Institut de biomimétique, États-Unis

Bryony a grandi au Zimbabwe. Ses parents l'emmenaient souvent dans la brousse pour observer la faune et la flore africaines. Adulte, elle a travaillé pendant de nombreuses années sur des problèmes de protection de la nature, comme la déforestation et l'utilisation de produits chimiques toxiques. Elle a fini par en avoir assez de dire aux gens ce qu'il ne fallait pas faire. Elle a eu plutôt envie de les inspirer, en donnant des exemples encourageants de ce qu'il faut faire. Puis son amie Janine Benyus a écrit un livre intitulé *Biomimicry : Innovation Inspired by Nature* (La biomimétique : l'innovation inspirée par la nature) et a mis sur pied l'Institut de biomimétique. Bryony a compris que c'était à cela qu'elle voulait consacrer son travail.

Le conseil de Bryony pour la décennie à venir : Ne te laisse pas mettre en boîte

À l'école, d'année en année, tes études sont de plus en plus spécialisées. Si tu choisis de devenir ingénieur, tu auras tendance à n'étudier que les mathématiques et la physique. Bryony croit que les jeunes devraient toujours suivre des cours d'arts et de biologie, peu importe ce qu'ils pensent vouloir faire quand ils seront grands. Aujourd'hui, les universités sont tellement nombreuses à vouloir ajouter la biomimétique à leurs programmes de génie et de design que Bryony et ses collègues de l'Institut de biomimétique peinent à suffire à la demande. C'est là un heureux problème, si l'on veut former des gens qui penseront à se demander : « Comment la nature s'y prendrait-elle ? »

Chapitre deux

LA PLANÈTE A FAIM

Le plein, s'il vous plaît !

Miam… des biscuits aux brisures de chocolat. L'odeur de cuisson flotte dans la maison, faisant gargouiller ton estomac.

Mais attends une minute… est-ce que « fait maison » veut dire « produit localement » ? Quelle distance ces ingrédients ont-ils dû parcourir avant d'être mélangés, placés sur une tôle et cuits au four ? Il s'avère que même le modeste biscuit aux brisures de chocolat fait maison a fait bien du chemin avant de se retrouver dans ton estomac.

Il y a près de 9 000 ans, les humains, qui jusque-là vivaient de la chasse et de la cueillette, ont commencé à garder des animaux et à planter des graines. L'agriculture était née, transformant notre façon de nous nourrir. Contrairement à la baleine grise qui, pour trouver de la nourriture, nage de son lieu de naissance, les lagons du Mexique, jusqu'en Arctique (une distance équivalant à 320 000 longueurs d'une piscine olympique), nous nous attendons à ce que la nourriture se rende jusqu'aux magasins où nous pouvons l'acheter. D'énormes quantités de combustibles fossiles sont nécessaires pour cultiver, transformer, emballer et transporter un grand nombre des aliments que nous mangeons quotidiennement. Nous avons pris l'habitude de manger à longueur d'année des denrées hors saison et non produites localement. Toutes ces bananes, oranges et fraises que tu achètes en plein hiver proviennent de régions chaudes qui sont loin, très loin de chez toi.

Cela nous ramène au fameux biscuit aux brisures de chocolat. Bien sûr, il a été fait à la maison, mais il est fort probable que la vanille utilisée dans sa préparation provienne de Madagascar, le sucre, du Brésil, et que le cacao ayant servi à produire le chocolat ait été cultivé en Afrique de l'Ouest. Cela fait beaucoup de transport, ou de kilomètres-aliments. Un journaliste scientifique a voulu savoir combien de carburant était nécessaire pour lui permettre de profiter de son repas. Il a donc calculé la quantité de pétrole utilisée pour lui apporter chaque jour pendant une semaine un déjeuner composé de gruau, de framboises biologiques congelées et d'une tasse de café équitable. Résultat ? Deux litres de carburant ! Verse cette quantité d'essence dans votre voiture, et ta famille pourra faire ses courses localement pendant une semaine.

Que ce soit le déjeuner, le dîner ou le souper, chacun de tes repas contient généralement des ingrédients provenant d'au moins cinq pays. La provenance de nos aliments et la façon dont ils sont produits et expédiés sont importantes pour nous et pour les espèces animales avec qui nous partageons cette planète, car nous utilisons plus du tiers de la surface de la Terre pour planter nos récoltes et élever le bétail et les autres animaux que nous mangeons. C'est stupéfiant, si l'on considère que toutes les villes combinées représentent seulement 3 % de la surface des terres.

Alors voici ce qui est important : partout, de nouvelles idées sont en train de germer pour essayer de nous nourrir de façon durable, toi, moi et le reste des 6,8 milliards d'habitants de la Terre. Le véritable défi consiste à concrétiser ces idées pour arriver à produire suffisamment de nourriture et à assurer un monde heureux et en santé. Cela te semble impossible ? *Voyons voir…*

UNE BATAILLE POUR TON BEDON

Tu vois ces aliments dans ton assiette ? Comment sont-ils arrivés là ? Et quelle est la meilleure manière de les produire ?

Si tu poses une question au sujet de ta nourriture, il se peut fort bien que la personne qui te répondra soit un économiste ou un scientifique, mais pas nécessairement un agriculteur en salopette qui laboure son champ. En effet, une grande partie de l'agriculture mondiale est le fait d'une exploitation industrielle. Celle-ci met à profit la science et le savoir-faire mécanique pour cultiver plus de nourriture à moins de frais et sur moins de terre. Mais bien des gens s'inquiètent des répercussions que peuvent avoir ces méthodes d'agriculture industrielle sur notre planète et notre santé. Ils préfèrent les méthodes d'agriculture biologique et naturelle. Une GROSSE bataille se prépare au sujet de la production de nos aliments. Qui soutiendras-tu ?

Le capitaine Agriculture industrielle

Qui est le capitaine ?

On lui doit la plupart des aliments vendus dans ton épicerie. Les mégafermes du capitaine sont spécialisées dans une ou quelques cultures seulement. Des engrais et des pesticides à base de pétrole protègent ses récoltes des insectes et les aident à pousser rapidement. En laboratoire, le capitaine met au point des organismes génétiquement modifiés (OGM) qui se retrouvent parmi les ingrédients de plus de la moitié des articles vendus dans les supermarchés nord-américains, du pain aux tomates, en passant par les céréales pour le déjeuner et les vinaigrettes.

Nous aide-t-il ?

En cultivant plus de nourriture, à bas prix et sur moins de terre, l'agriculture industrielle empêche qu'encore plus de zones naturelles soient défrichées pour être cultivées. Plusieurs croient que c'est là le seul moyen de produire suffisamment de nourriture pour nourrir la population mondiale, qui augmente rapidement.

Ou bien nous nuit-il ?

Tout le monde n'aime pas le capitaine. Ceux et celles qui militent en faveur de l'agriculture durable rappellent qu'il utilise des tonnes de combustibles fossiles, dont les réserves s'épuisent et ne sont pas remplacées. Il engloutit aussi de telles quantités d'eau que des zones jadis fertiles sont désormais désertiques. Ses pesticides et ses engrais peuvent polluer l'eau, tuant grenouilles, oiseaux, poissons et autres animaux.

Héros ou méchants ? Si seulement c'était si simple !

Si la production de nourriture représente un tel défi, c'est bien sûr parce qu'elle pose plusieurs questions complexes. Les cartes les plus récentes montrent que la Terre sera bientôt à court de terres agricoles fertiles. En même temps, la population mondiale augmente, augmente, augmente ! Le capitaine Agriculture industrielle est-il un héros parce qu'il peut produire des aliments à haut rendement ?

contre les Super agriculteurs durables

Voici les nouveaux agriculteurs

De nouveaux types d'exploitations agricoles qui sont moins nuisibles pour les sols, l'eau, l'air et les autres espèces voient le jour un peu partout. Les grands éleveurs qui privilégient la biodiversité, par exemple, font alterner leur bétail dans leurs pâturages selon des calendriers qui permettent à la fois de maximiser leur production de bœuf et de protéger la faune et la flore fragiles. Si tu compares une photo satellite de la région du Sahel qui se trouve au Niger, en Afrique, avec une autre prise il y a trente ans, tu constateras que cette région est bien plus verte aujourd'hui. Des millions d'arbres y poussent désormais, grâce aux agriculteurs pauvres qui ont soigné les jeunes arbres, labourant avec précaution autour d'eux lorsqu'ils semaient des arachides, des haricots et du mil. Aujourd'hui, les agriculteurs mangent les fruits de ces arbres et les gousses leur permettent de nourrir leur bétail. Ils coupent des branches des arbres vivants et les vendent pour gagner de l'argent. Les racines retiennent l'eau dans le sol, l'empêchant d'inonder les villages et de détruire les récoltes. Ces arbres fournissent un milieu de vie aux 85 espèces d'oiseaux migratoires qui passent au-dessus de chez toi au cours du voyage qui les conduit chaque hiver au Niger. Une oasis verte s'épanouit là où jadis s'étendait un désert.

Nourrir tout le monde ?

Le capitaine Agriculture industrielle soutient que les approches biologiques et les autres approches d'agriculture durable fonctionnent peut-être bien à petite échelle, mais qu'elles ne pourraient jamais produire suffisamment de nourriture pour nourrir toute la population mondiale. Les Super agriculteurs durables affirment qu'en produisant plusieurs types d'aliments qui conviennent à chaque endroit dans des fermes de différentes tailles, ils peuvent fournir assez de nourriture, tout en préservant l'eau et les écosystèmes terrestres.

Ou est-il un méchant parce qu'il utilise d'énormes quantités d'eau et de produits chimiques à base de pétrole ? La vraie question n'est pas de savoir si c'est bien ou mal. Nous devons plutôt faire preuve de créativité et combiner différents styles d'agriculture pour produire suffisamment de nourriture, tout en réduisant notre dépendance aux combustibles fossiles, en augmentant la qualité de l'eau et des sols, et en préservant la faune et les habitats naturels.

DÉCODEUR

Voici la fiche de décodage de l'agriculture écologique

Quand les gens parlent d'agriculture de nos jours, ils lancent bien des mots ici et là… que signifient-ils vraiment ? Jetons-y un coup d'œil.

Biologique : Se dit de la nourriture produite selon une méthode qui suit un principe simple : les animaux nourrissent le sol, qui nourrit les plantes. L'agriculture biologique interdit l'utilisation de produits chimiques synthétiques (faits par l'humain), bien qu'elle puisse se servir de produits chimiques tirés des plantes, des minéraux ou d'autres sources naturelles.

Aliments locaux : Aliments cultivés ou produits dans ta communauté ou ta région, habituellement dans un rayon de 160 kilomètres autour de chez toi.

Biodiversité : Diversité des espèces et des habitats dans un lieu précis. La forêt tropicale humide amazonienne, par exemple, possède une très grande biodiversité naturelle, parce que des centaines de milliers d'espèces différentes de plantes et d'animaux y vivent. Planter des haies, dans lesquelles peuvent vivre des oiseaux et des insectes, le long des champs agricoles est un exemple de biodiversité agricole.

Agriculture durable : Méthode de production des récoltes qui ne détruit pas l'environnement, la santé ou les moyens de subsistance des générations présentes ou à venir. La production actuelle de récoltes à haut rendement par des moyens qui, d'ici vingt ans, conduiront à la sécheresse, à l'érosion des sols et à de mauvaises récoltes n'est pas durable.

Rendement : Quantité de récolte obtenue par unité (par exemple, une acre ou un boisseau) sur une période donnée.

L'AGRICULTURE À LA VILLE

Ne serait-ce pas merveilleux si les grandes villes pouvaient cultiver leur propre nourriture ? Cette idée n'est pas aussi folle qu'elle en a l'air !

D'accord, tu sais que le fait de cultiver une partie de tes propres aliments réduit les kilomètres-aliments. Mais si, comme plus de la moitié de la population mondiale, tu vis dans une ville surpeuplée ? Pas de problème. L'agriculture urbaine est une nouvelle tendance à la mode, qui surgit dans des endroits étonnants. Des terrains vagues et des balcons de ciment regorgent de tomates, de pois, de courges et d'autres légumes. Des voies ferrées inutilisées et les cours arrière foisonnent de pommes, de pêches et de prunes. À Londres, en Angleterre, de gentils guérilleros jardiniers se rassemblent chaque année pour récolter la lavande qu'ils plantent sur les terre-pleins des voies publiques dans la ville. Partout, des lieux sont transformés en jardins urbains.

Des tomates sur le toit, des pois sur le mur

Pourquoi s'en tenir au sol quand on peut aussi faire pousser des choses sur les bâtiments ? Des étudiants et des bénévoles cultivent des légumes sur le toit d'un bâtiment du campus de l'Université McGill, à Montréal, et leurs récoltes servent à un programme de popote roulante. Promène-toi en montgolfière au-dessus du nouveau centre des congrès de Vancouver et tu découvriras un pré de plantes indigènes où bourdonnent des abeilles. Les toits verts recouverts de terre et de plantes sont de plus en plus courants dans plusieurs pays européens, comme l'Allemagne, la Suisse et les Pays-Bas. On a même recouvert un mur du musée Caixa Forum, à Madrid, de près de 15 000 plantes de 250 espèces différentes.

Des courges au quatorzième étage

Le plus grand défi auquel se heurte l'agriculture urbaine est de trouver suffisamment d'espace. Les villes rencontrent le même problème avec les habitations ; voilà pourquoi on y construit de hauts gratte-ciel, qui permettent à des centaines de personnes de vivre sur une petite superficie. Aujourd'hui, des ingénieurs tentent de faire la même chose pour l'agriculture urbaine : en effet, des fermes verticales, en forme de gratte-ciel, pourraient bientôt fournir des récoltes toute l'année dans une ville près de chez toi. En allant vers le haut plutôt qu'en s'étalant, les fermes verticales utilisent beaucoup moins de terre que les fermes traditionnelles. Les scientifiques ont conçu des prototypes d'une ferme de trente étages, de la superficie d'un pâté de maisons à New York, dont la production serait suffisante pour nourrir 50 000 personnes par année !

Les premiers agriculteurs verticaux

L'agriculture verticale existe dans la nature depuis des millions d'années. Les orangs-outans se déplacent lentement dans les forêts humides tropicales d'Asie du Sud-Est. Après s'être régalés, ils font leurs besoins, répandant les graines de la prochaine génération d'arbres.

Plus que juste de la bonne nourriture

L'agriculture urbaine fait plus que seulement fournir de la nourriture. Elle aide à lutter contre le dioxyde de carbone et les autres gaz à effet de serre. Elle absorbe le ruissellement des eaux d'orage et isole les bâtiments, permettant de réduire les coûts de chauffage ainsi que de climatisation. Les toits verts et les murs vivants fournissent également un habitat urbain à des animaux comme les papillons, les coléoptères et les oiseaux. Enfin, il est bien plus agréable de vivre dans une ville pleine de toits et de murs verts.

Une graine à la fois

Bien sûr, il faudra beaucoup de temps pour transformer nos villes imposantes en jardins et en forêts, mais nous ne sommes pas seuls. Aujourd'hui, près de la moitié des ménages à Vancouver et à Toronto font pousser une partie de leurs aliments. C'est aussi le cas de 43 millions d'Américains, 20 % de plus que l'an dernier. En plantant quelques herbes sur le balcon d'un appartement ou en cultivant des tomates devant chez toi, tu seras encore plus en lien avec les plantes et tu prendras conscience que tout espace peut devenir un espace vert.

Chocolat, oiseaux et forêts tropicales

Le couvert de la forêt tropicale humide procure une ombre naturelle aux plants de cacao, dont les grains servent à fabriquer le chocolat. C'est ce qu'on appelle le « chocolat cultivé à l'ombre ». Mais aujourd'hui, les plantations en plein soleil sont de plus en plus courantes, car les agriculteurs défrichent la forêt tropicale et utilisent des produits chimiques pour cultiver plus de plants à un rythme plus élevé. Les plantations en plein soleil non seulement contribuent aux changements climatiques en éliminant des arbres, mais elles détruisent aussi l'habitat forestier de nombreux oiseaux migratoires. Pour protéger cet habitat, les spécialistes des changements climatiques et les amis des oiseaux encouragent les gens à acheter du chocolat cultivé à l'ombre.

Poissons-agriculteurs

Dans la forêt tropicale humide amazonienne, ce sont les poissons qui entretiennent les arbres ! De décembre à mai, le fleuve Amazone inonde la forêt qui le borde, permettant aux poissons de nager là où habituellement volent des oiseaux. Ils mangent des fruits et en répandent les graines en nageant.

VOICI UN CHEF QUI CUISINE DES ALIMENTS LOCAUX

Luke Hayes-Alexander

Restaurant Luke's Gastronomy,
Kingston, Ontario, Canada

Comment un garçon a converti son amour pour les aliments locaux en un restaurant unique

Luke est né en 1990 et a grandi dans le restaurant de ses parents. À onze ans, il a décidé d'apprendre par lui-même le métier de chef cuisinier et de se consacrer aux aliments cultivés ou élevés localement. Ses parents l'ont aidé en lui enseignant tout ce qu'ils savaient. Il a fait toutes sortes d'expériences en cuisine. Il a lu des livres de cuisine et a créé des journaux remplis de recettes qu'il inventait. Finalement, à quinze ans, Luke est devenu le chef cuisinier de Luke's Gastronomy.

Des aliments locaux en plein hiver ?

Kingston est située près d'Ottawa, la capitale canadienne, l'une des capitales les plus froides du monde ! Luke admet qu'au milieu de l'hiver, voir un livre de recettes rempli de fruits tropicaux peut être très irritant, quand tout ce que l'on a sous la main, ce sont des légumes racines et des pommes. Mais sa volonté de n'employer que des aliments locaux fait de lui un chef plus créatif. Quand il prépare des panais d'hiver, il s'inspire d'une recette romaine datant de centaines d'années. Un soupçon d'épices, quelques herbes, un peu de fromage, du miel et du vin blanc : tous ces ingrédients réunis créent un délicieux mélange de goûts. Même du panais peut être savoureux !

Près de 95 % des ingrédients utilisés par Luke sont produits à moins de 100 km de sa cuisine

Au début, les recherches nécessaires pour trouver des sources locales pour ses ingrédients étaient presque une corvée. Aujourd'hui, c'est facile, car Luke dispose d'un bon réseau d'agriculteurs et de fournisseurs. La journée commence par les courses au marché local, l'un des plus anciens au Canada.

Trente petites fermes de la région y apportent leurs aliments. Puis Luke retourne au restaurant pour préparer les plats du jour. Quand le restaurant ouvre, Luke dresse les assiettes selon la commande des clients. À la fermeture, il faut nettoyer en prévision du lendemain.

Goûts planétaires, saveurs locales

Luke s'inspire beaucoup de l'histoire et d'autres cultures d'un peu partout dans le monde. Il adore faire des recherches sur ce que les gens mangeaient il y a mille ans. Ce qu'il aime par-dessus tout, c'est combiner des goûts très anciens, traditionnels, et de nouvelles saveurs avant-gardistes. Deux époques dans une même assiette. Luke adore particulièrement le salami au fenouil sauvage qu'il confectionne selon une recette toscane traditionnelle.

Les conseils de Luke pour manger localement

1. Fais tes courses dans des marchés locaux.
2. Achète des aliments locaux en ligne. Crois-le ou non, mais de nombreux petits agriculteurs ont un site Web bien fait sur lequel tu peux passer une commande.
3. Trouve une entreprise qui s'approvisionne chez des producteurs locaux et fait la livraison à domicile.
4. Quand tu vas au supermarché, consulte les étiquettes pour y trouver des aliments produits plus près de chez toi.

La cuisine du bonheur

Peu importe le côté intéressant des aliments ou l'âge de la recette, la première chose à laquelle Luke pense quand il crée des repas, c'est rendre les gens heureux. Quand des clients sont assis dans une atmosphère agréable, admirablement servis par sa mère, et mangent des mets qu'ils trouvent absolument délicieux, cela le remplit de joie. Il est aussi heureux de préparer les plats qu'ils le sont de les déguster.

Dans la décennie à venir

Manger des aliments locaux est de plus en plus populaire. Luke croit que cette habitude va s'intégrer dans nos vies quotidiennes. C'est une bonne nouvelle, affirme-t-il, parce que manger localement encourage plus de gens à continuer d'exploiter des fermes et que cela nous aide à considérer la nourriture comme un lien qui nous unit à notre communauté. De plus, il a constaté que les aliments locaux ont meilleur goût et une texture plus agréable. En effet, ils n'ont pas été ballottés durant un long voyage, et nous sommes plus susceptibles de les manger quand ils sont de saison. Croque, en plein cœur de l'été, dans une pêche bien mûre et juteuse provenant d'un marché de producteurs locaux et tu apprécieras la différence.

LA VRAIE VALEUR DE LA NATURE

T'es-tu déjà demandé combien valent réellement une forêt et toutes les choses qu'elle fait pour nous et pour notre environnement ? Voilà une des grandes questions auxquelles l'écolo-économie nous aide à répondre.

Écolo-économie (*n.f.*)

L'écolo-économie est la façon dont un pays gère son argent et ses ressources (comme les travailleurs et la terre) pour produire, acheter et vendre des biens et des services en respectant les limites naturelles de la Terre.

À vendre : une planète

Imagine que tu es un être tout-puissant qui organise une vente-débarras pour l'Univers : quelle étiquette de prix placerais-tu sur la nature ? Ou supposons qu'une forêt tropicale humide travaille pour ton entreprise. Quel salaire lui verserais-tu pour toutes les tâches qu'elle accomplit pour la planète ? Une équipe d'écolo-économistes a déjà calculé la valeur de tous les services que la nature rend à la Terre, incluant par exemple le filtrage de l'eau et de l'air, la fertilisation des sols, etc. Ils ont obtenu la valeur astronomique de 33 billions de dollars par année. Si tu dépensais un million de dollars par jour, il te faudrait plus de 9 000 ans pour atteindre cette somme.

Pour les insectes, l'enchère commence à 57 milliards de dollars

Ils sont si minuscules que nous pensons rarement à eux, si ce n'est pour les écraser. Mais si nous devions payer les insectes pour tout ce qu'ils font pour nous, cela nous coûterait une fortune. Une équipe d'écolo-économistes a récemment calculé la valeur minimale du travail gratuit accompli par les insectes aux États-Unis seulement. Les insectes sont une source de nourriture pour la faune qui soutient l'industrie du loisir, une industrie de 50 milliards de dollars. Les insectes indigènes représentent plus de 4,5 milliards de dollars en lutte antiparasitaire, ils pollinisent les récoltes pour 3 milliards de dollars et nettoient des pâturages, permettant aux éleveurs d'économiser plus de 380 millions de dollars. Sans les insectes pour mettre de la nourriture dans nos assiettes et décomposer nos déchets, nous, humains, et la plupart des autres formes de vie sur la Terre, ne pourrions pas exister. Merci à vous, infatigables insectes !

Une idée capitale

Les économistes appellent « capital » tout ce qui a une certaine valeur. Vélos, chaussures, maisons et autres objets fabriqués par l'être humain sont du capital physique. Le capital financier est le nom sophistiqué donné à l'argent, que ce soit des dollars, des pesos ou des euros. Le capital humain renvoie à des actifs comme la connaissance, les habiletés et la santé. Un pays qui compte beaucoup de médecins et d'enseignants, par exemple, est un pays riche sur le plan du capital humain.

Les écolo-économistes s'intéressent au capital naturel. Déterminer le prix d'achat du poisson ou du bois n'est pas très compliqué, mais il est plus difficile d'estimer la valeur des choses que fait la Terre et qui permettent la vie. Par exemple, l'eau qui coule de ton robinet a peut-être été purifiée par une zone humide ou par le système radiculaire des arbres d'une forêt entière. De la même façon, comme évaluer la lutte antiparasitaire qu'un terrain protégé représente pour les gens des environs ? Les écolo-économistes créent des systèmes logiciels et des cartes de systèmes d'information géographique (SIG) qui permettent aux planificateurs de répondre facilement à ce type de questions.

Le pouvoir de l'argent

À quoi peuvent bien servir tous ces chiffres ? Les écolo-économistes ont découvert que la valeur économique totale d'une forêt est égale à au moins trois fois la valeur de son bois si on le destinait au chauffage ou à la construction ! Ces spécialistes affirment que la meilleure façon de conserver la nature est de prouver qu'elle a beaucoup de valeur, mais quand elle est vivante.

LE COIN DE L'EXPERTE !

Dre Gretchen Daily

Université Stanford, États-Unis

Gretchen a grandi en partie en Californie. Sa famille a déménagé en Europe à une époque où les gens étaient très préoccupés par la pollution. Elle a vécu en Allemagne, où les forêts et les lacs, malgré la grande importance qu'on leur attribuait, étaient menacés d'acidification. Sous l'inspiration des gens qui se servaient des grands mouvements sociaux pour exiger des solutions aux problèmes environnementaux, elle est devenue écolo-économiste.

Les prévisions de Gretchen pour la prochaine décennie

Aujourd'hui, la plupart des investisseurs évaluent la valeur d'un terrain simplement en déterminant ce qui pourrait y être construit, exploité ou cultivé. Gretchen croit que dans la décennie à venir, les planificateurs feront appel à de nouveaux outils pour les aider à reconnaître la valeur économique de la nature et à prendre des décisions en tenant compte de cette valeur.

Qu'emporterais-tu pour aller vivre sur la Lune ?

Une sorbetière ? Une lampe de poche ? Ton chien ? Gretchen aime faire réfléchir les gens en posant cette question, car elle montre à quel point nous sommes entièrement dépendants de la Terre. Notre planète nous donne de la nourriture, de l'eau, un abri, des vêtements et du plaisir. Elle fournit un soutien fondamental à la vie, comme un climat stable et une eau pure. Personne ne pourrait survivre sans le capital naturel que nous donne la Terre.

HISTOIRES DE SAC-REPAS !

Des algues dans ta crème glacée aux insectes dans… eh bien, dans tout ! Tu serais surpris de savoir tout ce que tu manges !

Habituellement, on pense que la nourriture est composée d'aliments comme les fruits et les légumes, ou du poulet, élevé pour être mangé. Mais plusieurs de tes saveurs préférées sont étonnamment liées à des plantes et à des animaux sauvages qui vivent sur la terre et dans la mer.

Si tu aimes la crème glacée, lève ton verre à l'océan

Les algues et les plantes marines microscopiques produisent près de la moitié de l'oxygène de la Terre. Certains types d'algues représentent une partie importante des régimes alimentaires asiatiques et sont utilisés dans des mets comme les sushis. Mais peux-tu deviner ce qui donne à la crème glacée et au dentifrice leur texture crémeuse, ce qui épaissit la margarine et empêche la peinture des murs de ta chambre de se tacher ? Il s'agit de l'une des plantes de la planète qui poussent le plus vite, le varech. Cette algue énorme peut pousser de la longueur de ton bras en une seule journée. En anglais, grâce à ses qualités diverses et utiles, on la surnomme même « plante Cendrillon ».

Pas d'« algues » dans la liste des ingrédients, mais…

Le varech est l'exemple parfait de plantes que tu ne considérerais probablement jamais comme appétissantes, mais qui est un ingrédient important de certaines de tes gâteries préférées. La prochaine fois que tu feras les courses, compte le nombre de fois où tu vois des ingrédients dérivés des algues, comme l'algine et la carraghénine, dans ta marque préférée de vinaigrette, de gelée, de sauce, de savon, de bonbon crémeux, de cosmétique ou de médicament. Chouette, n'est-ce pas ? Et même quand tu ne les manges pas, les plantes aquatiques peuvent être utiles à ta nourriture d'autres manières. Le varech a des cousines minuscules, des algues unicellulaires appelées « diatomées », dont le corps très complexe est composé de verre de silice. Les producteurs de jus de pomme fabriquent le liquide clair que tu aimes boire en faisant passer les jus naturellement brouillés à travers des filtres fabriqués à partir des squelettes de verre de ces microscopiques joyaux flottants de la mer.

En parlant de nourriture...

Bon. Tu acceptes maintenant le fait que tu aimes manger des algues. Et que dis-tu des insectes ? Si tu jouais au soccer avec un groupe d'amis en Afrique centrale, vous feriez peut-être une pause pour prendre une collation rapide de fourmis ou de vers blancs, plutôt que de raisins secs et de biscuits. Après un concert en Asie du Sud-Est, vous iriez ensemble acheter des grillons frits à un vendeur ambulant. Dans plus de cent pays, les gens apprécient l'entomophagie, c'est-à-dire l'art délicat de manger des insectes. Depuis peu, on trouve des insectes au menu de certains des restaurants les plus branchés d'Amérique du Nord et d'Europe.

Tu manges déjà des insectes de toute façon

Il s'avère que manger des insectes est une excellente manière de réduire son empreinte écologique (va à la page 46 pour en savoir plus à ce sujet). Ils sont très faibles en gras, riches en minéraux et en protéines, et leur élevage est bien plus simple, plus propre et plus efficace que celui du bœuf ou du porc. Toujours pas convaincu ? Désolée, mais, en fait, il est impossible d'éliminer complètement les insectes des aliments que nous consommons. Les agences gouvernementales ont émis des directives au sujet du nombre autorisé de parties d'insectes dans les aliments au détail. Le chocolat peut contenir jusqu'à 60 fragments d'insectes par 100 grammes, et 225 parties sont autorisées dans une boîte de macaronis au fromage. Chaque année, nous mangeons chacun environ un kilo de fragments d'insectes. Mais ne t'en fais pas, d'après les nutritionnistes, cela nous permet d'être en meilleure santé.

Encore plus de raisons de remercier les insectes (et les poissons)

Voici une devinette pour toi : Comment les poissons des étangs, que jamais tu ne rêverais de manger, font quand même en sorte de mettre de la nourriture dans ton assiette ? Parlons-en ! Les libellules adultes mangent beaucoup d'abeilles, de papillons et d'autres insectes pollinisateurs. Cependant, les poissons des étangs mangent les larves de libellules. Si tu prends soin d'un étang, les poissons vont se développer. Il en résulte une cascade inattendue : plus il y a de poissons, moins il y a de libellules, plus il y a alors d'abeilles et de pollinisation des plantes et, ultimement, plus d'aliments pour toi !

Les minuscules héros des amateurs de chocolat

Personne ne s'écrie « Hourra ! » quand, à la plage, des moucherons se mettent à te piquer. Quand leurs piqûres te démangent, tu ne trouves probablement pas très intéressant de savoir que le battement d'ailes des moucherons est le plus rapide parmi toutes les créatures terrestres (1 000 battements par seconde !) ou qu'ils sont assez petits pour se tenir sur la tête d'une épingle. Mais savais-tu que les moucherons sont les seuls pollinisateurs connus du cacao cultivé... la plante dont les grains servent à fabriquer tes brisures de chocolat ? Hourra !

Attention où tu mets les pieds

La prochaine fois que tu joueras dans un champ, prends le temps de réfléchir à toutes les bêtes qui y vivent. En moyenne, 10 000 insectes vivent sur chaque mètre carré de terre habitable. Ceux qui suivent rigoureusement les principes du jaïnisme, l'une des plus anciennes religions du monde, croient en *ahimsa* (le vœu de non-violence). La semelle de leurs chaussures est munie de minuscules pointes pour réduire la possibilité d'écraser accidentellement tous ces précieux insectes.

COMMENT LES ABEILLES SONT LIÉES AUX HAMBURGERS ET À LA PAIX MONDIALE

Quel superinsecte remplit ton estomac et pourrait rendre les zones de guerre plus sécuritaires ?

C'est « ruchement » incroyable !

MIAM !
Venez vous servir !
De plus, certaines abeilles produisent du miel, dont les humains (et les ours) raffolent !
ONU
Mais les abeilles font bien plus qu'entretenir les jardins. Parmi elles, quelques chanceuses reçoivent aussi une formation de Casques bleus.
MINE
Dans certains pays qui se remettent d'une guerre, comme la Croatie, des scientifiques ont dressé des abeilles à utiliser leur étonnant sens de l'odorat pour repérer des explosifs, des bombes et des mines qui empêchent les gens de cultiver à nouveau leurs champs.
Il y a quelques années : Des apiculteurs de partout aux États-Unis, au Canada, en Australie, en Chine, au Brésil et en Europe ont rapporté la disparition de millions d'abeilles ouvrières. Des colonies pleines de vie sont devenues des cités fantômes.
Qu'est-ce qui tue les abeilles ? C'est un mystère à élucider.
Pfff
Kof
Certains chercheurs pensent que des acariens parasites, devenus résistants aux pesticides, infestent les abeilles, les rendant moins résistantes aux virus et aux bactéries.
???
???
CARTE
D'autres scientifiques croient que certains produits chimiques utilisés pour cultiver des aliments ou entretenir le gazon détériorent la mémoire des abeilles. Ne pouvant retrouver leur chemin jusqu'à la ruche, elles se perdent.
Pour moi ?
Tu peux faire ta part en plantant des plantes que les abeilles apprécient et en laissant sur place les souches d'arbres morts, dans lesquelles les abeilles construisent leurs ruches. Procure-toi une liste de plantes locales que les abeilles aiment, sur Internet ou dans une pépinière.
Les abeilles que tu aides aujourd'hui contribueront à remplir ton assiette. Longue vie à vous, les superhéros rayés !

QUEL EST LE LIQUIDE LE PLUS PRÉCIEUX DE TOUT L'UNIVERS ?

L'eau !

Triiit ! L'arbitre siffle et tu quittes le terrain en titubant à la recherche d'un GRAND verre. Eau, jus, boisson énergétique… tu boirais du lait de yack s'il n'y avait rien d'autre. Ton corps a besoin d'environ deux litres d'eau par jour. Tu ne pourrais survivre plus de trois jours sans eau. Mais la plus grande quantité d'eau que nous, les humains, utilisons n'est pas celle que nous buvons ou avec laquelle nous nous lavons. Il s'agit de la quantité astronomique d'eau utilisée par l'agriculture industrielle pour cultiver nos aliments. Il faut au moins 2 000 litres d'eau pour produire la nourriture que chacun d'entre nous mange en une seule journée. En fait, l'irrigation nécessite tellement d'eau qu'elle utilise plus de 70 % de toute l'eau douce puisée sur Terre pour l'utilisation humaine. De nombreuses personnes affirment qu'il est temps pour nous d'apprendre à cultiver nos aliments par des techniques qui permettent de préserver l'eau. Après tout, l'eau est le liquide le plus précieux de tout l'univers.

Suivons l'eau

C'est ce que les astronomes (les scientifiques qui étudient l'espace) font dans leur quête de signes de vie dans l'univers. On trouve en fait de l'eau un peu partout, des vastes nuages de poussière interstellaire aux champs rouge orangé de Mars, mais surtout sous forme de glace, qui ne permet pas la vie. Avec l'aide d'Herschel, le plus grand télescope spatial, des scientifiques canadiens et européens sondent divers environnements de l'espace, à la recherche d'eau.

Tu as soif ? Vite, le robinet !

Pendant ce temps, sur la Terre, on comprend facilement pourquoi le Canada est qualifié de « nation riche en eau ». Seuls le Brésil et la Russie ont de plus grandes réserves renouvelables d'eau douce. Et pourtant, plutôt que d'ouvrir le robinet, les Canadiens consomment annuellement plus de deux milliards de bouteilles d'eau. Aux États-Unis, qui ont leurs propres ressources d'eau potable, les gens consomment plus d'eau en bouteille que de bière, de café et de lait combinés. Comment se procurent-ils toute cette eau embouteillée ?

Les usines brûlent 18 millions de barils de pétrole et consomment 155 milliards de litres d'eau potable chaque année, uniquement pour produire de l'eau embouteillée dont la plupart des habitants d'Amérique du Nord n'ont pas besoin. C'est pourquoi un nombre croissant de villes, comme New York, San Francisco et Paris, essaient aujourd'hui d'abandonner l'eau en bouteille. Elles font plutôt la promotion de l'eau du robinet, solution de rechange saine et sécuritaire aux bouteilles d'eau coûteuses et nuisibles pour l'environnement.

Au nom d'une eau plus propre et plus sûre

Difficile d'imaginer que des gens puissent être assoiffés sur une planète aussi riche en eau. Pourtant, près de un milliard de personnes peinent à trouver de l'eau potable. Dans les pays les plus pauvres, les enfants et les femmes parcourent en moyenne six kilomètres chaque jour pour aller chercher de l'eau, qui n'est parfois même pas assez propre pour être consommée. Partout dans le monde, des agences internationales, comme le Fonds des Nations Unies pour l'enfance (UNICEF), travaillent pour essayer de changer cette situation. Et toi, que ferais-tu pour fournir de l'eau potable aux gens qui en ont besoin ? Voici quelques idées pour t'inspirer.

- *Un filtre à eau dans une tasse :* Un groupe d'artistes appelé « Potters for Peace » (Potiers pour la paix) et des scientifiques de l'Institut de technologie du Massachusetts (MIT) mettent au point des filtres en céramique peu coûteux qu'on peut placer dans une tasse et qui filtrent l'eau à mesure qu'on la boit.
- *Un filtre à eau dans une paille :* Le Lifestraw permet aux gens de boire, en toute sécurité, l'eau d'une flaque boueuse ou de toute autre source d'eau inconnue.
- *Tu tournes, il pompe :* Les PlayPumps sont constitués de tourniquets spécialement conçus pour pomper de l'eau potable d'un puits communautaire chaque fois que des enfants y jouent.
- *Le temps que tu rentres chez toi... :* L'Aquaduct est un prototype de tricycle pour adulte muni d'un grand réservoir à eau à l'arrière. En pédalant, on fait passer l'eau dans un filtre, puis dans un réservoir amovible à l'avant du véhicule.

GPS
Chapitre trois
LA PLANÈTE TECHNO
Une cyberrévolution!

Bip ! Bing ! Vroum ! Est-ce ton téléphone ou quelqu'un qui joue à un jeu vidéo sur un ordinateur portatif ?

Les sons des ordinateurs font tellement partie de la vie quotidienne qu'il se peut fort bien que tu ne te rendes pas compte pas à quel point ils sont récents. Tu appartiens à la première génération de l'histoire à toujours avoir connu les ordinateurs personnels. Grâce à la technologie GPS (système de géolocalisation par satellite), tu fais aussi partie de la première génération de gens qui ne sauront peut-être jamais comment on se sent quand on est perdu. Et tu appartiens aussi à la première génération à évoluer dans des mondes virtuels qui ont l'air tellement réels que tu es peut-être plus à l'aise dans un jeu vidéo des Sims que dans le parc tout près de chez toi !

Le problème avec cette cyberrévolution, c'est sa rapidité ! La vitesse des ordinateurs doublant pratiquement tous les deux ans et des modèles plus récents et plus minces faisant leur apparition sur le marché, il est tentant d'acheter sans cesse de nouveaux appareils. Mais leur coût environnemental est énorme. Chaque jour, aux États-Unis, 130 000 ordinateurs et deux fois plus de téléphones cellulaires sont jetés aux ordures. La technologie crache ce nouveau type de rebuts mortels, les déchets électroniques, à un tel rythme qu'elle a donné naissance à un nouveau commerce international d'ordures.

Bien que ce soit interdit par la loi dans de nombreux endroits, les déchets électroniques sont souvent expédiés et jetés dans des pays plus pauvres, là où la réglementation environnementale n'est pas aussi sévère. Les gens qui ont le moins de chances d'acheter des ordinateurs coûteux finissent par devoir gérer les déchets mortels produits par ces appareils. Il existe pourtant un lien étonnant : YouTube, les nouvelles en ligne et les autres médias informatiques permettent de révéler au monde entier ce genre de problème... et d'imaginer des moyens pour y remédier !

Toute cette technologie te permet également d'être en lien comme jamais auparavant avec les animaux partout sur la planète. Plus de trois millions d'internautes, par exemple, se sont connectés pour observer onze tortues luths, qui sont en voie de disparition, parcourir 6 000 kilomètres, des eaux glaciales du Canada, où elles se nourrissent, jusqu'aux plages des Caraïbes, où elles font leur nid. Plusieurs de ces personnes ont été si touchées de voir le monde à travers les yeux d'une tortue de mer qu'elles ont décidé d'aider à les protéger.

Des émetteurs satellite sur la nageoire des baleines aux puces installées sur les ailes des papillons, les téléphones cellulaires, les enregistreurs numériques et autres technologies informatiques recueillent d'incroyables renseignements sur la vie à l'état sauvage. Tu veux voir ? *Tu n'as qu'à tourner la page...*

L'OCÉAN EN COMPOSITION ABRÉGÉE

Ces technologies qui te plaisent tant dans ta maison peuvent révéler de nouveaux faits étonnants sur la vie dans la nature.

Des baleines, des requins, des thons, des éléphants de mer… pendant que tu lis ces lignes, des centaines d'animaux vivant en pleine mer transmettent des messages à des satellites. De minuscules marqueurs électroniques fixés à leurs ailerons et à leurs nageoires saisissent des informations sur la température et la profondeur de l'eau, ainsi que sur la position de l'animal. Partout dans le monde, où qu'ils se trouvent, des chercheurs téléchargent les données sur leur téléphone cellulaire ou sur leur ordinateur portatif et s'en servent pour mettre au point de meilleurs modèles informatiques du fonctionnement des océans et des animaux marins.

Quel incroyable nageur de fond !

Les scientifiques ont découvert que de nombreux animaux marins migrent beaucoup plus loin qu'on ne le pensait. En seulement vingt mois, Trevor, un thon rouge du Pacifique, a traversé trois fois l'océan Pacifique, ce qui représente une distance plus grande que de nager autour de la Terre. Les thons rouges du Pacifique sont des géants à sang chaud. Ils peuvent devenir aussi longs qu'un canot et aussi lourds que tous les jeunes de ta classe réunis. Mais ils sont surtout célèbres pour leur vitesse. Quand ils pourchassent un savoureux repas d'anchois, de hareng, d'anguille ou de calmar, ils peuvent être aussi rapides que les voitures sur une autoroute en atteignant les 100 kilomètres-heure.

Et quel astronome !

Un grand requin blanc nommé Nicole a fait l'aller-retour entre l'Afrique du Sud et l'Australie, c'est-à-dire près de 20 000 kilomètres. Même si elle plongeait régulièrement à des profondeurs d'un kilomètre ou plus, Nicole nageait surtout en surface. Les chercheurs ont alors supposé que les grands requins blancs s'aident peut-être des étoiles pour s'orienter. (Hé, j'ai de l'eau dans les yeux ! C'est bien l'étoile Polaire, là-bas ?)

Attention sur l'autoroute !

Ce qui est passionnant à propos de ces nouvelles découvertes, ce n'est pas seulement à quel point certaines espèces peuvent nager incroyablement loin ou vite, mais aussi à quel point leurs itinéraires sont prévisibles. C'est comme s'ils circulaient sur des autoroutes marines invisibles aux yeux humains. Savoir quels itinéraires empruntent les animaux marins est d'une importance vitale pour leur conservation. Par exemple, les bateaux se dirigeant vers Boston, au Massachusetts, doivent désormais dévier de leur ancienne route de six kilomètres vers le nord, pour éviter d'entrer en collision avec des baleines en voie de disparition, dans le premier sanctuaire baleinier aux États-Unis.

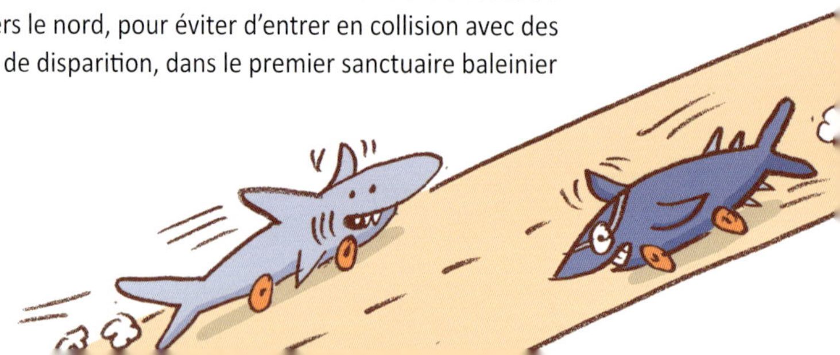

La circulation marine

La technologie nous permet de comprendre la vie dans l'océan comme il nous serait impossible de le faire uniquement avec nos yeux. Si tu repères une baleine à bosse au large des côtes de Norvège, par exemple, elle sera probablement seule. Mais grâce aux stations d'écoute anti-sous-marins de la marine, les chercheurs qui étudient les baleines peuvent déterminer la position des baleines en utilisant des images informatiques de leurs voix. Ces images révèlent que, en fait, ces baleines « solitaires » voyagent ensemble, mais à des distances pouvant atteindre 50 kilomètres les unes des autres ! Il s'avère que les baleines ont une ouïe incroyable et communiquent entre elles grâce aux sons. Les baleines bleues, par exemple, peuvent communiquer d'un côté à l'autre de l'océan uniquement par des sons.

Malheureusement, les baleines, les thons et les autres animaux marins sont bombardés par l'ensemble des bruits émis par les bateaux. Les pétroliers sont incroyablement bruyants. Si tu places un hydrophone (un microphone sous-marin) au milieu d'une route maritime très fréquentée, tu entendras un son aussi fort qu'au milieu d'une autoroute. Et la circulation maritime augmente d'année en année. Ton ordinateur, ou celui que tu utilises à l'école, a probablement été fabriqué en Chine et expédié de là. Il sera sans doute réexpédié en Chine quand il ne fonctionnera plus. En tout, le transport de marchandises représente une quantité astronomique de 100 millions de conteneurs, qui sillonnent les océans chaque année. Grâce à la technologie, les chercheurs peuvent déterminer à quel point l'ouïe des baleines est sensible. Ils arrivent à démontrer que l'océan devient rapidement de plus en plus bruyant. Cela leur permet de mieux plaider pour que des restrictions soient imposées sur les routes de navigation et de recommander de nouveaux moyens technologiques rendant les bateaux plus silencieux.

Des baleines qui ne migrent pas ?

Le rorqual commun est le deuxième plus gros animal de la planète. Et il est rapide. Surnommé « le lévrier des mers », ce géant peut atteindre une vitesse comparable à celle des voitures dans une zone scolaire. Comme la plupart des cétacés à fanons, il migre, nageant jusqu'aux pôles chaque été, pour se gaver dans les eaux froides et riches en nourriture. Mais récemment, des scientifiques ont découvert un fait plutôt inhabituel : 400 rorquals communs, qui vivent dans le golfe de Californie, au Mexique, ne migrent pas. Ce golfe est peut-être l'un des seuls endroits sur la Terre capable de fournir suffisamment de nourriture pour subvenir aux besoins de ces géants pendant toute l'année. Voilà qui nous montre que cette zone est un lieu d'une grande richesse, qui vaut la peine d'être protégée.

Et des buissons qui migrent ? !

Les jeux vidéo se basent sur d'énormes bases de données pour créer les mondes imaginaires dans lesquels tu joues. Pour étudier les changements qui surviennent sur notre planète au fil du temps, les scientifiques utilisent des bases de données semblables, contenant des informations sur des espèces et leurs habitats. Une étude des forêts montagnardes françaises révèle que les changements climatiques provoquent le déplacement de centaines d'espèces de plantes plus haut sur le versant des montagnes. Mais, attends, des buissons qui marchent ? Sont-ils fous ? L'ensemble de l'écosystème forestier, pas seulement certaines plantes, s'est élevé de plus de 18,5 mètres depuis ta naissance. Alors que les buissons et herbes éphémères prennent racine de plus en plus haut, où les conditions climatiques sont plus idéales, les arbres longévifs restent derrière, ce qui fait qu'il est plus difficile de constater à quelle vitesse les choses sont en train de changer.

RÉFLÉCHIS PLUS VITE ! RÉFLÉCHIS PLUS LONGTEMPS !

Quels seront les jeux préférés de tes arrière-arrière-arrière-arrière-arrière-petits-enfants ?

Zap ! Tes doigts rapides comme l'éclair protègent un monde virtuel de l'invasion des extraterrestres sur ta console de jeu. Grâce aux mises à jour hyperrapides, tu peux te lancer dans un duel de sabres en un clin d'œil. Les jeux vidéo et les recherches sur Internet t'ont habitué à t'attendre à des résultats en quelques millisecondes. Mais il est aussi important de t'entraîner à réfléchir à ce qui se produit à très long terme. C'est ainsi que les autochtones prennent leurs décisions, en pensant aux conséquences de celles-ci sur la septième génération à venir.

La face cachée des technologies propres

Il est essentiel de penser à l'avenir quand il est question de déchets électroniques, parce que les 20 à 50 millions de tonnes de consoles, de téléviseurs, d'écrans et autres déchets électroniques jetés chaque année contiennent du plomb, du cadmium, du mercure et d'autres produits chimiques toxiques. Tu n'as pas à t'en soucier quand ils font sagement ce pour quoi ils ont été créés à l'intérieur de ton ordinateur ou de ton lecteur MP3, mais quand on les libère dans un dépotoir, attention ! Ils sont plus diaboliques que Dark Vador et ils resteront dans les parages assez longtemps pour affecter la santé de tes arrière-arrière-arrière-arrière-arrière-petits-enfants. Alors plutôt que de jeter à la poubelle la console de jeu que tu as reçue à ton dernier anniversaire (ouais, ce vieux dinosaure), fais une recherche sur Google sur les entreprises ci-dessous. Elles récupèrent les produits électroniques usagés ou brisés et certaines d'entre elles les recyclent.

PC recycle • info liquidation recycle • recyc ordi
Best Buy • Bureau en gros • Future Shop

Un emploi en informatique ? Vise les e-déchets

L'Union européenne a récemment adopté une réglementation sévère, selon laquelle toute entreprise fabriquant des produits électroniques est responsable de la cueillette et du recyclage de ses vieux produits. Les entreprises n'ont pas le droit d'expédier ces déchets électroniques dans d'autres pays, là où les lois en matière de santé et d'environnement sont moins exigeantes. La pression pour que les autres pays adoptent des lois semblables est de plus en plus forte. Qu'est-ce que cela signifie pour ton avenir ? D'abord, les possibilités de carrière seront nombreuses dans les technologies de l'information vertes. Tu pourrais découvrir de nouveaux matériaux pour rendre les ordinateurs moins toxiques dès leur fabrication ou concevoir des façons plus efficaces de fabriquer de nouveaux ordinateurs à partir de vieux appareils. Que tu veuilles travailler sur les lois internationales, concevoir et commercialiser des jeux vidéo ou créer des ordinateurs fonctionnant à l'énergie solaire, une foule d'emplois verts n'attendent que toi.

Ton cellulaire sera détruit dans 2… 1… 0 secondes !

Des vis perdent leur filetage et s'éjectent d'elles-mêmes. Des crochets se redressent et repoussent d'autres pièces. Des colles fondent. Des plastiques se pulvérisent. Bienvenue dans le monde de la conception en vue du démontage, la création de pièces qui se défont intentionnellement. Dans la course pour la conception de produits électroniques plus facilement recyclables, plus une chose se démonte rapidement, plus vite elle peut être recyclée, et moins elle exige d'énergie et d'argent. La compagnie de téléphones cellulaires Nokia a mis au point un prototype d'appareil qui se désassemble en deux secondes. Le processus est enclenché par la chaleur. On n'a qu'à pointer un rayon laser sur l'appareil et POP !

Les e-déchets – microbes à la rescousse

Les bactéries sont minuscules, mais elles pourraient bien être des héroïnes dans la bataille pour l'élimination des déchets électroniques. Certaines éliminent le plomb, le cuivre et l'étain sur les cartes de circuits imprimés. D'autres peuvent extraire l'aluminium, le cuivre, le nickel, le zinc et l'or de la poussière de déchets électroniques. Plusieurs personnes estiment que ces bactéries possèdent un potentiel énorme pour la récupération sécuritaire de métaux précieux présents dans les poussières toxiques. Cette approche de récupération des métaux précieux serait beaucoup plus propre que la pratique dangereuse, mais courante, consistant à faire fondre les vieux appareils électroniques.

COMMENT LES JEUX VIDÉO ET LES TÉLÉPHONES CELLULAIRES SONT LIÉS AUX GORILLES

Tes jeux et tes gadgets électroniques peuvent-ils vraiment avoir des conséquences sur les jungles africaines ? *Voici comment !*

Des chefs rebelles se battent eux aussi pour contrôler la région. Ils forcent même des gens pauvres, hommes, femmes et enfants, à exploiter illégalement le coltan.
COLTAN ÉQUITABLE !
Des organisations qui luttent pour les droits de la personne et la protection de la faune exigent que les compagnies informatiques ne s'approvisionnent en coltan que dans les mines légitimes et qu'elles traitent équitablement les gens et les animaux.
Pendant ce temps: Des millions de dollars de coltan et d'autres métaux précieux sont perdus chaque année dans les ordinateurs et cellulaires qui sont jetés.
2008: 1,2 milliard de téléphones cellulaires sont vendus. On en recycle seulement 1 %, ce qui représente beaucoup de coltan aux déchets. Si on en recyclait davantage, on exploiterait moins les mines.
HUM !
En Europe: C'est la loi ! Les entreprises doivent reprendre les appareils électroniques usagés et les recycler ou en disposer de façon respectueuse pour l'environnement, alors...
... plusieurs entreprises commencent à concevoir en vue du démontage ! Elles mettent au point des appareils plus faciles à démonter et donc à recycler.
Merci !
PAC MAN
En Amérique du Nord: Dans certaines écoles, des enfants lancent des programmes de recyclage de vieux cellulaires et échangent leurs jeux vidéo avec leurs amis plutôt que d'en acheter de nouveaux.
Ailleurs en Afrique: La Dre Emma Stokes représente un espoir pour les populations de grands singes. Elle a trouvé la preuve de l'existence de 125 000 gorilles des plaines de l'Est vivant dans une région inexplorée. Si les études confirment ce nombre, cela doublera leur population estimée !
Recycler tes jeux vidéo et téléphones cellulaires aide à limiter la demande en coltan, tout en contribuant à protéger l'avenir des gorilles en Afrique.

NOUVELLES IMAGES D'UNE VIEILLE PLANÈTE

Les ordinateurs, les satellites et l'imagerie numérique révolutionnent la façon dont nous cartographions notre monde.

Depuis les débuts de l'histoire, les gens dessinent des cartes pour comprendre le monde et leur place dans ce monde. Si tu avais vécu avant le quatrième siècle av. J.-C., tu aurais dessiné une Terre plate. Sur ses cartes, le philosophe grec Aristote plaçait la Terre au centre de l'univers. Christophe Colomb, le célèbre explorateur, s'est retrouvé par erreur en Amérique du Sud plutôt qu'en Inde, parce qu'il s'est fié à des cartes sur lesquelles la Terre était beaucoup plus petite qu'elle ne l'est en réalité.

Si tu trouves une vieille carte de ton quartier, tu pourras découvrir son histoire. Sur d'anciennes cartes de Vancouver, par exemple, on peut voir cinquante ruisseaux qui étaient des frayères à saumons, dans des quartiers aujourd'hui couverts de maisons et d'écoles. (C'est un poisson, là, dans ton casier ?) Nous comptons sur des cartes récentes et fiables pour nous représenter la place que nous occupons sur la planète.

De nos jours, on peut voir le monde avec bien plus de détails et de précision que même tes parents n'auraient pu l'imaginer quand ils avaient ton âge. Avec Google Earth, tu peux te rendre virtuellement n'importe où sur la planète. Tu veux faire un voyage sous les tropiques ? Clique sur l'image satellite et tu pourras examiner le couvert de la forêt tropicale ou même voir l'hôtel où tu prévois loger. Sur le tableau de bord de la voiture, un appareil GPS doté des technologies de cartographie te guide dans une ville inconnue, te permettant de te rendre au restaurant ou chez ta tante.

Cette carte est-elle vraiment à l'envers ?

En cartographiant les endroits où les animaux marins se rassemblent, nous cessons de considérer les océans comme d'immenses baignoires remplies d'eau et commençons à voir qu'ils sont composés de plusieurs habitats différents où l'on retrouve certains animaux et pas d'autres, comme c'est le cas sur la terre. Notre façon de cartographier notre monde humain influence aussi notre conception de la vie sur la planète. Prenons par exemple la carte « le sud en haut » que Stuart McArthur, de Melbourne, en Australie, a dessinée pour la première fois quand il avait douze ans. Il en a fait la première version officielle neuf ans plus tard. La carte de Stuart nous rappelle que le nord ne doit pas nécessairement être situé en haut. Les gens ont commencé à dessiner les cartes de cette façon quand les explorateurs européens se sont mis à utiliser l'Étoile du Nord et des compas magnétiques (qui indiquent le nord) pour guider leurs navires. Avant, on retrouvait l'est en haut sur les cartes, et on l'appelait l'orient. C'est de là que vient le mot « orientation », qui signifie savoir où l'on se trouve par rapport à d'autres choses.

Les animaux nous conduisent à des trésors cachés

Tu te souviens de ces émetteurs électroniques placés sur les requins et les thons ? Les données recueillies à l'aide d'appareils de télédétection permettent aux scientifiques de cartographier les océans de façon extraordinaire. Ces dernières années, des équipes de chercheurs ont marqué plus de 2 000 animaux appartenant à 22 espèces différentes de superprédateurs, y compris des baleines, des tortues marines, des éléphants de mer et des oiseaux marins, qui parcourent l'océan. En combinant les données recueillies sur chaque individu, les scientifiques ont découvert des points chauds en haute mer de très grande biodiversité. Tout comme les points d'eau dans la savane africaine, ces zones sont des endroits où se rassemblent de nombreuses espèces. Leur présence simultanée soutient des réseaux alimentaires complexes. Mais contrairement aux points d'eau sur la terre, les points chauds de grande biodiversité dans les océans changent de place.

Le Dôme

Le Dôme du Costa Rica est un exemple de ces zones mobiles. Il se trouve dans l'océan Pacifique, entre 800 et 1 300 kilomètres à l'ouest du Costa Rica. Il est difficile à localiser, car son emplacement change selon les vents, la température de l'eau et les courants. Grâce aux technologies informatiques permettant de suivre les animaux qui s'y rassemblent, les chercheurs ont réussi à le repérer et se sont rendu compte à quel point il est important de le protéger. Ce qu'ils ont trouvé est fascinant. En suivant la trace des baleines bleues jusqu'au Dôme de Costa Rica, les chercheurs ont découvert un lieu secret où ces baleines (les plus gros animaux de la planète, et parmi les espèces les plus menacées) donnent naissance à leurs gigantesques petits.

Augmenter l'échelle

Les cartes te permettent de voir le monde à une plus grande échelle que lorsque tu observes simplement les choses en te promenant. Cette capacité à voir au-delà de ce que tes yeux te montrent est particulièrement utile aujourd'hui, à une époque où ce que nous faisons tous a de telles conséquences collectives. Évidemment, acheter un jeu vidéo ne change pas grand-chose pour la planète. Mais les 21 milliards de dollars de jeux vidéo vendus seulement l'an dernier, oui. Tu te demandes ce que cela peut changer ? *Tourne la page.*

GARDE LES PIEDS SUR TERRE

Empreinte écologique (*n.f. + adj.*)

Une mesure de la capacité écologique de la Terre et de ce que nous utilisons.

Psst… Hé, toi, tu me prêtes une planète ?

Grâce aux ordinateurs, capables de synthétiser des quantités incroyables de données, tu as accès aux informations nécessaires pour dessiner une carte montrant l'emplacement des forêts tropicales humides de la planète. Ou le nombre de personnes qui empruntent des livres à la bibliothèque. Ou le nombre de jeux vidéo que possèdent en moyenne les enfants dans chaque pays. Quelle que soit la carte que tu choisis de dessiner, il est rapidement évident que, dans certaines parties du monde, on utilise beaucoup plus d'eau, de nourriture, d'énergie, etc., qu'ailleurs.

Ce concept est très difficile à saisir, mais les gens qui habitent dans des endroits comme l'Amérique du Nord utilisent tellement de ressources que si tout le monde vivait de cette façon, nous aurions besoin de bien plus qu'une seule planète Terre pour subvenir à nos besoins. Il nous en faudrait CINQ ! Et même si nous réduisions notre train de vie jusqu'à celui d'un Européen moyen, nous aurions tout de même besoin de trois planètes Terre. Évidemment, c'est impossible.

Si nous utilisons plus de ressources que ne peut nous fournir la planète, cela signifie que d'autres personnes et d'autres animaux en obtiennent beaucoup moins que leur juste part. Nous utilisons des ressources qui auraient dû revenir aux gens et aux animaux qui vivront sur la planète dans un avenir proche. Par exemple, les humains coupent les forêts tropicales humides plus rapidement que celles-ci ne se régénèrent. Cela signifie que nous laissons aux générations futures une dette écologique sous forme de déforestation, d'érosion des terres, d'extinction d'espèces et d'accumulation de CO_2 dans l'atmosphère. On ne pense vraiment pas à la septième génération !

Les Drs Mathis Wackernagel (voir la page suivante) et William Rees ont créé un outil de comptabilisation des ressources appelé « empreinte écologique ». Il permet aux pays de mesurer les ressources dont ils disposent et celles qu'ils utilisent. C'est semblable à un budget qui met en évidence les endroits où nous dépensons trop, par ville, par pays ou pour la planète. Le but est de créer de nouvelles façons de bien vivre tout en respectant les limites écologiques de la planète. Appelons cela « vivre sur une seule planète », et non sur cinq !

Nous pouvons vivre de manière plus durable

Tu trouves peut-être qu'observer le rythme effréné auquel les humains utilisent les ressources de la planète est une tâche plutôt déprimante, mais Mathis ne voit pas les choses ainsi. Il croit que nous pouvons réussir à vivre de manière plus durable et que nous avons les outils pour le faire. Voici les grandes questions que nous devons nous poser :

- Quelle est la quantité de ressources dont nous disposons réellement ?
- Quelle quantité utilisons-nous ?
- Comment pouvons-nous vivre en respectant le budget que la nature nous fournit ?

Chaque fois qu'un pays s'engage à respecter le budget pour « vivre sur une seule planète », nous sommes tous gagnants.

LE COIN DE L'EXPERT !

Dr Mathis Wackernagel

Cocréateur de l'empreinte écologique
Directeur général, Global Footprint Network, États-Unis

Quand Mathis est né, il y a quarante ans, l'humanité utilisait environ la moitié de la capacité de la planète. Quand son fils est né en 2000, les humains utilisaient l'équivalent des capacités d'environ une planète et quart. Lorsque son fils aura lui-même quarante ans, d'après les prévisions les moins alarmistes des Nations Unies, nous utiliserons deux fois la capacité de la planète. Et cela doit tout simplement changer !

ATTENTION : DANGEREUX POUR LES ENFANTS OU POUR TON ONCLE LOUIS...

Tu as peut-être vu des outils t'invitant à calculer ta propre empreinte. Le problème, c'est qu'il est vraiment difficile d'obtenir un bon score, selon lequel on respecte les limites des ressources de la planète, quand on vit en Amérique du Nord ou en Europe de nos jours. Le concept d'empreinte écologique est conçu pour aider les gouvernements, les entreprises et les gens puissants à rendre compte de notre façon de vivre sur la planète et de ses conséquences. À eux de se servir de l'outil de calcul pour commencer à mettre en place les changements nécessaires pour ramener notre empreinte à sa juste taille. Le plus important message pour toi personnellement, c'est que tu devrais commencer à réfléchir à l'importance des conséquences qu'a ta vie sur la planète et à abandonner le mode de vie « cinq planètes ».

Les cinq engagements les plus importants que devraient prendre les gouvernements selon Mathis

1. Reconnaître que la Terre a des limites écologiques et que nous ne les respectons pas.

2. Viser le but de « vivre sur une seule planète ».

3. Tenir les comptes. Utiliser des outils, comme l'empreinte écologique, pour déterminer l'ampleur de nos crédits écologiques et à quelle vitesse notre dette écologique augmente.

4. S'attaquer d'abord à ce qui dure le plus longtemps. Mettre l'accent sur la construction de villes éconergétiques, carboneutres, écologiques, avec un bon système de transport en commun. En effet, une fois que ces infrastructures sont construites, elles mettent beaucoup de temps à changer.

5. Orienter toutes les innovations en vue de gagner la course contre le temps afin que tous les humains vivent de manière plus durable.

Le top trois de Mathis pour les individus

1. Essaie de départager ce dont tu as vraiment besoin et ce que tu crois vouloir.

2. Apprends à être satisfait de ce que tu as plutôt que de toujours en vouloir plus.

3. Concentre-toi sur les grandes choses (Ta maison est-elle éconergétique ? Comment te rends-tu à l'école ? Quelle utilisation ta famille fait-elle de la voiture ?), plutôt que de t'inquiéter de chacune de tes petites actions individuelles.

Chapitre quatre
L'ÉNERGIE HUMAINE
Celle que tu produis!

Encore un… petit… effort. Tu y es ! Prends le temps d'admirer la vue du haut de la colline. Oh non ! Est-ce que c'est la cloche ?

Tu remontes sur ton vélo et tu repars vers l'école. À vélo, tu peux te déplacer rapidement. En Allemagne, au Danemark, en Colombie et aux Pays-Bas, grâce à des pistes cyclables sécuritaires, à des taxes exorbitantes sur les voitures, au prix élevé de l'essence et à une attitude favorable à l'égard des vélos, bien plus de gens se rendent à l'école ou au travail en vélo qu'au Canada et aux États-Unis. À Amsterdam, le vélo a récemment délogé la voiture comme premier moyen de transport dans la ville. Copenhague fournit gratuitement 2 500 vélos sur 125 supports répartis dans la ville, le tout financé par des publicités placées sur les vélos.

Heureusement, la pression pour que les villes nord-américaines soient tout aussi accueillantes pour les bicyclettes est efficace. À San Francisco, par exemple, grâce à des améliorations rendant plus économique, plus rapide et plus sécuritaire le transport à bicyclette, le nombre d'adeptes du vélo a doublé en seulement deux ans. Pour la première fois depuis des décennies, les Américains et les Australiens achètent plus de vélos que de voitures. La révolution du vélo transforme la façon dont nous concevons les transports partout dans le monde. Cette année, il s'est construit sur la Terre deux fois plus de bicyclettes que de voitures.

Il n'y a pas si longtemps, les rues des villes de Chine fourmillaient de bicyclettes. En fait, la plupart des vélos vendus en Amérique du Nord sont toujours fabriqués là-bas. Mais au cours des trente dernières années, les voitures ont pris d'assaut les routes, provoquant des embouteillages et une pollution nauséabonde due aux gaz d'échappement. Aujourd'hui, une toute nouvelle histoire d'amour entre la Chine et les vélos a vu le jour. Les vélos électriques sont en fait des machines propulsées par les pédales, mais munies d'un moteur électrique qui aide à gravir les pentes. Il y a en Chine plus de 100 millions de ces vélos électriques, soit quatre fois le nombre de voitures privées !

Ce sont là d'excellentes nouvelles pour les humains et pour la planète, et on peut s'attendre à d'autres bonnes nouvelles. L'énergie humaine, qui te permet de faire avancer ton vélo, a le potentiel de faire fonctionner le monde comme jamais tu ne l'aurais imaginé. Des étudiants en architecture du Massachusetts ont gagné récemment une compétition internationale grâce à leur invention : une chaise qui, à partir de l'énergie générée par quelqu'un qui s'assoit, produit suffisamment d'électricité pour allumer quatre ampoules DEL (diode électroluminescente). Si on appliquait cette idée à l'échelle d'un stade de baseball, où des milliers de spectateurs bondissent sur leur siège, on pourrait éclairer le stade tout entier ! Tu veux en savoir plus au sujet de la conception des vélos verts ou sur les façons de faire jouer ta musique de danse préférée en tapant du pied ? *Tourne la page, mon ami !*

CULTIVER TON PROPRE VÉLO ?

Voici mes tomates, voici mes roses et par là… c'est là que j'ai planté mon nouveau vélo !

Peux-tu soulever ton vélo au-dessus de ta tête ? Ce n'est pas facile ! Le cadre de la plupart des bicyclettes est en acier, qui est si lourd et résistant qu'on l'utilise aussi dans la construction de maisons et de gratte-ciel ! L'acier est l'un des matériaux les plus répandus dans le monde et il est fabriqué à partir de fer, l'élément le plus courant de l'écorce terrestre. S'il est vrai que la bicyclette est entièrement propulsée par l'énergie humaine, la fabrication d'un vélo à cadre d'acier nécessite bien d'autres types d'énergie. L'électricité alimente les énormes foreuses et pelles qui servent à l'extraction du minerai de fer et les camions de transport fonctionnent à l'aide de carburant diesel. Pour nettoyer le fer de ses impuretés, il faut du calcaire, prélevé dans une carrière et écrasé. Les fours qui servent à transformer le fer en acier fonctionnent au charbon, extrait dans une mine à ciel ouvert. Et si on pouvait éviter toutes ces étapes et plutôt simplement cultiver les bicyclettes ?

C'est exactement ce que Craig Calfee est en train de faire. Il construit des vélos en bambou. Craig en a eu l'idée en observant sa chienne, Luna, tenter de ronger un morceau de bambou résistant qui poussait derrière son atelier de vélo à Santa Cruz, en Californie. Il s'est demandé si cette plante à la croissance hyper rapide serait assez solide pour devenir une bicyclette. Dix ans plus tard, son entreprise fabrique annuellement une centaine d'élégants vélos de course en bambou. Craig travaille également avec des organisations au Ghana, en Afrique, pour implanter des ateliers de fabrication de vélos en bambou dans des communautés pauvres où le bambou est suffisamment abondant pour que les gens puissent faire pousser leur propre bicyclette.

Il mange du verre ! Il conduit des vélos ! C'est un panda géant ? !

On surnomme souvent le bambou « acier vert », parce qu'il est synonyme de force et de résistance. Il contient aussi d'importantes concentrations de silice, l'une des principales composantes du verre. Tu considères peut-être le verre comme étant fragile, mais grâce à la silice, il est en fait plutôt solide. Cela explique pourquoi il ne plie pas mais se casse, et pourquoi il est si difficile à rayer. La silice rend le bambou suffisamment solide pour qu'on en fasse un cadre de vélo, mais les éclats de bambou transperceraient l'estomac de la plupart des animaux qui tenteraient de le manger. Grâce à un mucus extrêmement visqueux recouvrant la paroi de leur estomac, les pandas géants peuvent se régaler de fragments de bambou sans se blesser. Et ils ont un autre lien étonnant avec les vélos : les pandas géants se sont jadis illustrés dans des cirques… où ils conduisaient des tricycles !

Avec quoi construirais-tu un vélo vert ?

Il existe d'autres possibilités que le bambou. Pour stimuler ta propre créativité, voici quelques exemples récents d'expérimentations de constructeurs de vélos verts.

Du carton ? Un étudiant britannique de 21 ans a créé un vélo peu coûteux et entièrement recyclable en carton hautement résistant. Coût total ? 30 $. Il ne faut toutefois pas le laisser traîner sous la pluie !

Du bois ? Il y a environ 150 ans, les roues des vélos étaient en bois. Ils n'étaient pas très confortables ! De nos jours, les vélos de bois faits à la main par une entreprise autrichienne fonctionnent sans heurts et surclassent facilement ces anciens modèles.

Du plastique recyclable ? Tu te souviens du polypropylène recyclable dont on a parlé à la page 14, utilisé dans la fabrication de vestes en polaire ? Un jeune concepteur industriel californien a utilisé ce même matériau pour fabriquer un vélo recyclable qui fonctionne parfaitement.

Une batterie ? Il s'est vendu dans le monde, en 2009, 23 millions de bicyclettes électriques à batterie, et ce nombre devrait doubler en 2012. Leurs amateurs soutiennent que ces vélos sont silencieux, non polluants, et qu'ils font diminuer la circulation dans les villes congestionnées. Les critiques font remarquer qu'ils seront encore plus intéressants quand une batterie écologique remplacera la batterie au plomb actuelle.

Et voici le bac de compostage pour casque de vélo

Les vrais cyclistes aiment leur casque. Si tu tombes et frappes une surface dure, la partie de mousse de ton casque s'écrase, absorbe l'énergie de l'impact et ajoute environ six millièmes de seconde au temps d'arrêt de ta tête. C'est suffisant pour réduire le choc que subit ton cerveau et prévenir environ 85 % des blessures à la tête. Le crâne des stégosaures fonctionnait à peu près de la même manière. Quand deux pachycéphalosaures devenaient belliqueux et se cognaient la tête, leurs crânes se comprimaient et rebondissaient, empêchant l'écrasement des cerveaux.

Les concepteurs de casques de vélos sont aussi orientés vers les tendances vertes. Tu trouveras sur Internet des instructions pour fabriquer un casque à l'énergie solaire qui sert à recharger des piles. Ces piles alimentent des phares, ce qui te permet de rentrer chez toi à vélo dans l'obscurité. Un fabricant italien de casques recycle la vapeur utilisée pour l'expansion de la mousse, la transformant en chaleur pour ses édifices. Les retailles de plastique provenant de la coquille des casques sont moulues en une poudre qui deviendra du nouveau plastique. Personne n'a encore conçu un casque qui puisse se décomposer dans ton bac de compostage. Mais les mousses biodégradables et les plastiques à base de maïs sont de plus en plus courants et il est temps de passer à l'action. Dresse la liste des critères essentiels (solide, léger, sécuritaire, élégant, compostable) et mets-toi au défi d'en créer un !

ÊTRE HUMAIN, FAIRE HUMAIN

Les gens ont de l'énergie à dépenser, et les nouvelles technologies la transforment en puissance.

Saute ! Trémousse-toi ! Tape du pied ! Un plancher de danse nouveau genre dans une boîte de nuit de Rotterdam transforme l'énergie des danseurs en électricité qui alimente les jeux de lumière. Quand on pousse la porte tournante d'une gare néerlandaise, on contribue à éclairer les entrées. Dans certains gymnases verts, ceux qui s'entraînent sur les machines alimentent la chaîne audio, qui leur permet d'écouter de la musique. Les montres à remontage automatique refont le plein d'énergie grâce au mouvement du bras quand on marche. Les sorbetières de type yoyo permettent de préparer de petits délices glacés grâce aux mouvements du poignet. Dans certains villages du Pérou, des machines à laver à pédales procurent aux gens à la fois des vêtements propres et des emplois. Dans de nombreuses parties du monde, on écoute la radio ou on allume une lampe de poche en tournant une manivelle.

Et les inventions comme celles-ci ne sont que le commencement. Des concepteurs d'un nouveau genre inventent des moyens d'exploiter l'énergie verte produite par le corps humain. De quoi parle-t-on exactement ? Il est vrai qu'une seule personne ne produit pas beaucoup d'énergie. Un pas peut alimenter deux ampoules de 60 watts pendant une petite seconde seulement. Mais l'énergie combinée d'une foule qui fait 30 000 pas dans une même seconde peut fournir assez d'énergie pour faire fonctionner un train. Voilà qui vaut la peine !

Imagine un monde où notre corps ou ses mouvements pourraient alimenter divers objets grâce à de nouvelles techniques stupéfiantes. On est déjà en train de développer ces technologies !

Dans les stades de baseball, alimenter les projecteurs grâce aux spectateurs qui grimpent les escaliers.

Faire fonctionner nos lecteurs MP3 en marchant, grâce à des nanofils intégrés aux semelles de nos chaussures.

Insérer des panneaux solaires dans nos vêtements pour recharger nos piles quand nous jouons au soleil.

Alimenter les feux de circulation à partir des vibrations produites par le mouvement de nos voitures sur les routes.

Nous sommes notre propre centrale électrique…

Quand tu marches rapidement, tu génères plus de 60 watts d'énergie. Taper des doigts génère 0,1 watt. Ta respiration et les mouvements de tes bras produisent chacun environ un watt. La plus grande partie de l'énergie transformée dans ton corps, comme les vibrations de tes cordes vocales, se produit à une échelle si minuscule que les chercheurs la mesurent en nanomètres (un millionième de millimètre). Aujourd'hui, les chercheurs créent de minuscules générateurs (nanogénérateurs) qui utiliseront cette énergie pour alimenter des appareils à l'intérieur du corps. Bientôt, peut-être, les stimulateurs cardiaques et autres dispositifs médicaux fonctionneront grâce à l'électricité produite par l'énergie du débit sanguin.

… et d'autres animaux le sont aussi !

En 2009, des chercheurs de Géorgie ont fabriqué une minuscule veste pour hamster, équipée de nanofils, et ont réussi à recueillir l'énergie produite par les infimes rotations et mouvements de l'animal faisant tourner sa roue. C'est évidemment une toute petite quantité d'énergie, mais les chercheurs affirment que même les plus petits mouvements peuvent produire un courant électrique. En utilisant suffisamment de nanogénérateurs, des ingénieurs pourront peut-être faire en sorte que nous n'ayons plus besoin de batteries dans les petits ordinateurs portables et autres appareils.

Bien sûr, il y a aussi ces animaux étonnants qui produisent vraiment de l'électricité, comme les anguilles électriques ! Si une anguille voulait un repas chaud, par exemple, elle pourrait générer suffisamment d'électricité pour faire fonctionner un petit four à micro-ondes. Au temps des fêtes, des aquariums au Japon, au Canada et ailleurs utilisent l'électricité des anguilles qu'ils hébergent pour illuminer leur arbre de Noël.

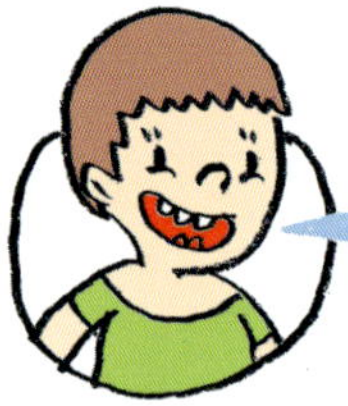

Elin t'explique

COMMENT LES PINGOUINS SONT LIÉS À TA BICYCLETTE

Ce qui se passe dans les rues est lié aux océans. ***Voici la primeur !***

L'eau des océans devient plus chaude, parce que les excès de CO_2 dans l'atmosphère capturent de plus en plus de chaleur du soleil.
Les changements climatiques font varier la productivité de l'océan. Les manchots de Magellan ont plus de difficulté à trouver de la nourriture.
Des scientifiques ont découvert que si un manchot adulte doit parcourir une trop grande distance pour trouver de la nourriture, ses petits pourraient mourir de faim avant son retour. Oh non !
Entre-temps: Les gouvernements se mobilisent pour venir en aide aux oiseaux et autres animaux marins en interdisant la pêche dans certaines zones. Comme les parcs nationaux sur terre, les aires marines protégées aident à conserver les habitats marins.
Dans ta ville: Mais attends, toi et ton vélo, vous pouvez aider, vous aussi !
La bicyclette est le véhicule non polluant par excellence. Faire du vélo est bon pour la santé et c'est encore meilleur pour l'environnement : le vélo ne consomme pas d'essence et ne produit donc pas de CO_2 !
PAS D'AUTOS
Pour encourager les gens à utiliser davantage leur vélo, des pays comme l'Allemagne, le Danemark, la Colombie et les Pays-Bas construisent de nombreuses pistes cyclables sécuritaires et taxent lourdement les automobilistes.
Dans les banlieues surpeuplées de Tokyo, des tours de stationnement pour vélos utilisent des bras manipulateurs pour entreposer les bicyclettes des usagers du métro. Les gens reprennent leur vélo en rentrant chez eux le soir.
Alors, la prochaine fois que tu prendras ton vélo, souviens-toi que les manchots te remercient de les aider à empêcher leur eau de se réchauffer !

TON CORPS PEUT FOURNIR DE L'ÉNERGIE DE FAÇONS ENCORE BIEN PLUS ÉTONNANTES

Beurk… Cela peut sembler un peu dégoûtant, mais la production d'énergie à partir d'excréments et d'urine n'est pas une blague. On le fait vraiment, et en plus, c'est une idée géniale !

Partout sur la planète, on exploite de plus en plus les biogaz. Dans de grandes villes européennes, de grandes centrales à biogaz fournissent chauffage et électricité à des milliers de foyers, pendant que des installations familiales d'exploitation des biogaz surgissent dans des communautés rurales d'Asie et d'Afrique. Vingt millions de foyers chinois tirent des biogaz l'énergie nécessaire à la cuisine et le gouvernement fait de nombreux efforts pour en augmenter le nombre. Des usines produisent des voitures conçues pour le marché européen et alimentées au biogaz, qui prennent d'assaut les routes. Une Audi A4 a récemment établi un nouveau record de vitesse pour une voiture de course convertie au biogaz en roulant à 365 kilomètres-heure !

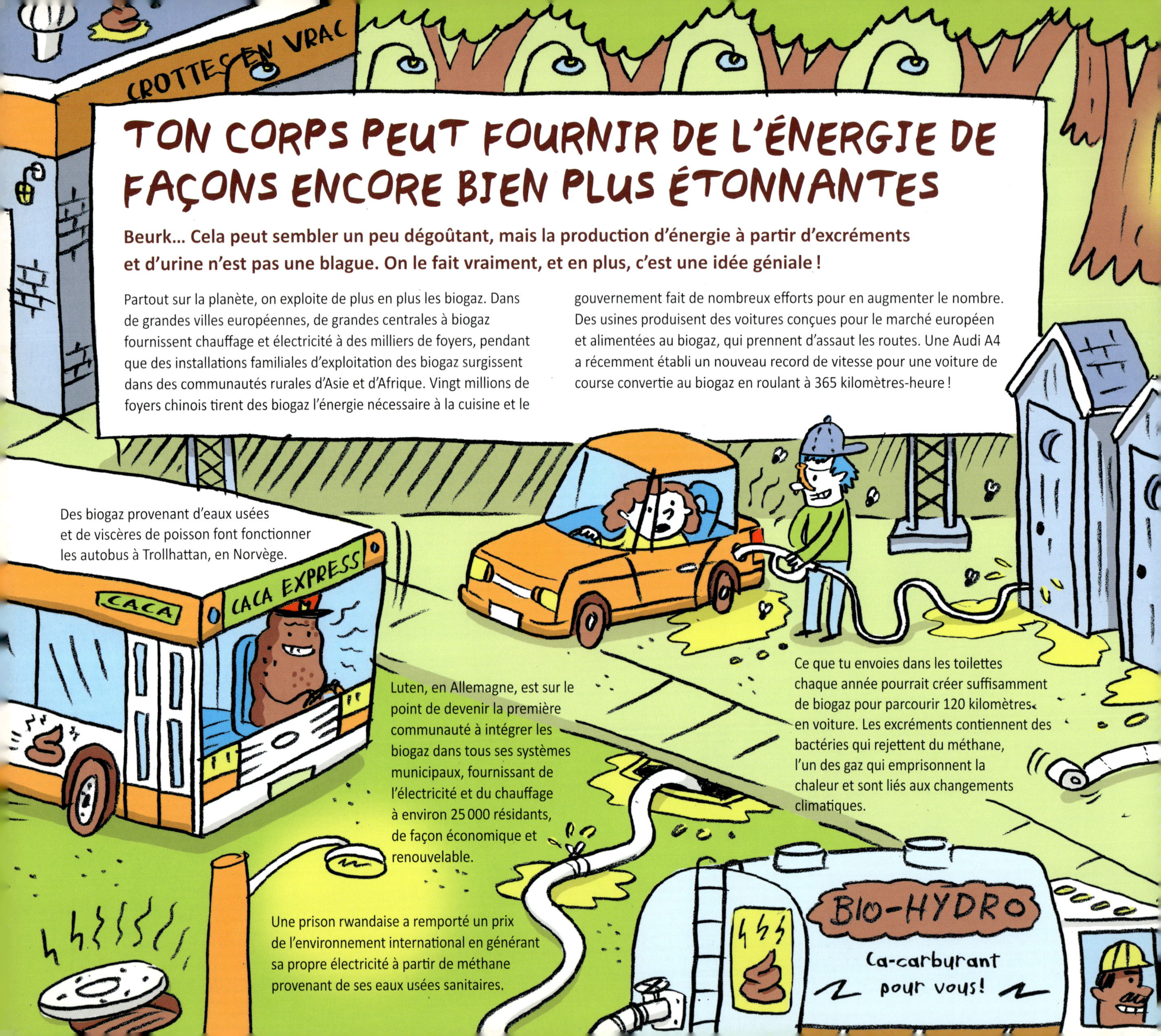

Des biogaz provenant d'eaux usées et de viscères de poisson font fonctionner les autobus à Trollhattan, en Norvège.

Ce que tu envoies dans les toilettes chaque année pourrait créer suffisamment de biogaz pour parcourir 120 kilomètres en voiture. Les excréments contiennent des bactéries qui rejettent du méthane, l'un des gaz qui emprisonnent la chaleur et sont liés aux changements climatiques.

Luten, en Allemagne, est sur le point de devenir la première communauté à intégrer les biogaz dans tous ses systèmes municipaux, fournissant de l'électricité et du chauffage à environ 25 000 résidants, de façon économique et renouvelable.

Une prison rwandaise a remporté un prix de l'environnement international en générant sa propre électricité à partir de méthane provenant de ses eaux usées sanitaires.

Dans le village indien de Thiruneermalai, les eaux usées alimentent les lampadaires.

En Inde, des machines appelées « digesteurs » convertissent les déchets générés par une famille de quatre personnes en gaz leur permettant de cuisiner.

En Suisse, le méthane provenant de plus de 450 stations de traitement des eaux usées (beurk !) est capturé pour produire du biogaz (ouais !) qui sert à chauffer les maisons et à alimenter les autobus de la ville.

Ton petit chien aussi...

À San Francisco, des gens essaient de trouver des façons de transformer les petits sacs de crottes de chien en carburant. Une tonne d'excréments de chien (beurk !) peut produire suffisamment de carburant pour chauffer une maison pendant deux semaines. Imagine la quantité d'électricité que l'on pourrait tirer des dix millions de tonnes d'excréments de chien et de chat (super beurk !) produites cette année aux États-Unis !

... et même un éléphant !

Les zoos sont les premiers à admettre qu'ils gèrent beaucoup d'urine et d'excréments. Un seul éléphant, par exemple, en produit environ 200 kilos par jour. De Toronto à Dallas en passant par Copenhague, les zoos des grandes villes du monde tentent de combler une plus grande partie de leurs besoins en électricité en se servant des excréments de leurs exotiques pensionnaires.

Mais attention aux pets et aux rots

Les vaches et les moutons sont très mignons, mais ils ont un côté sombre. Approche-toi discrètement de l'un d'eux dans une ferme et tu sentiras rapidement le problème.

90 à 180 kilos de méthane (un autre gaz à effet de serre) rejetés dans les rots et les pets de **1 vache** chaque année **x 1,5 milliard de vaches + 1 milliard de moutons** (vivant sur la Terre) **+ LA DÉFORESTATION** des forêts tropicales humides pour cultiver leur nourriture **+ LES COMBUSTIBLES FOSSILES** pour les transporter au marché **= PLUS d'émissions de gaz à effet de serre** que n'en produisent **TOUS les bateaux, avions et voitures.**

Les scientifiques affirment que, tout comme choisir de te déplacer en vélo, manger moins de viande est une excellente façon de rester en santé et de protéger la planète.

DES FAÇONS PLUS VERTES D'ÉCLAIRER LA PLANÈTE

Aux États-Unis, la plus grande partie de l'électricité est produite à partir de combustibles fossiles, comme le charbon, le gaz naturel et le pétrole. En brûlant, les combustibles fossiles rejettent du CO_2 et d'autres gaz qui contribuent au réchauffement climatique. La bonne nouvelle, c'est qu'il existe des façons bien plus vertes de produire de l'énergie. Par exemple, depuis des décennies, les gens qui habitent près des chutes du Niagara, au Canada et aux États-Unis, éclairent leurs maisons et leurs bureaux grâce à l'hydroélectricité. De nos jours, de plus en plus de gouvernements remettent en question l'utilisation systématique des technologies basées sur le pétrole, le gaz naturel et le charbon et examinent leur propre environnement à la recherche de sources d'électricité uniques.

Les volcans : L'énergie provenant de la chaleur des roches alimente les maisons et les restaurants et fournit l'eau chaude qui sert à chauffer 95 % des foyers d'Islande. (Génial !)

L'eau : Environ 60 % de l'électricité produite au Canada est de l'énergie hydroélectrique.

Le Soleil : Le temps est souvent nuageux en Allemagne, mais c'est là qu'est générée plus de la moitié de l'électricité solaire mondiale. (N'oublie pas ta crème solaire !)

Le vent : Un cinquième de l'électricité du Danemark provient d'éoliennes et les Danois travaillent fort pour faire augmenter cette proportion à 50 %.

Les marées : En 2008, pour la première fois, l'énergie marémotrice était utilisée pour produire de l'électricité destinée à alimenter des foyers d'Irlande du Nord et d'Écosse.

Les réactions nucléaires : La France produit tellement d'électricité dans ses centrales nucléaires qu'elle en exporte 18 % dans les autres pays européens.

Les huiles de friture : Grâce à un simple kit de conversion qui permet aux voitures diesel de fonctionner avec de l'huile végétale, des véhicules partout dans le monde sont alimentés par des déchets provenant de restaurants-minute. (Ah ! la puissance d'une modeste pomme de terre.)

L'alcool : Un train suédois et plus du quart des autobus de la ville de Stockholm fonctionnent grâce à l'alcool confisqué aux frontières. Plutôt que de vider les bouteilles dans l'évier (glou, glou), les fonctionnaires les envoient dans une usine où l'alcool est mélangé à de l'eau, aux eaux usées et aux restes d'animaux provenant d'usines de transformation de la viande, pour produire des biogaz. La Suède s'est engagée à devenir le premier pays à ne pas utiliser de pétrole d'ici 2020.

DES IDÉES BRILLANTES

Dis adieu aux veilleuses

Tu crois peut-être que les lumières qui illuminent nos villes durant la nuit aident les oiseaux migrateurs à voir où ils vont. Malheureusement, de nombreux oiseaux, en particulier les plus jeunes, qui migrent pour la première fois, sont attirés et désorientés par les lumières de la ville. Des millions d'entre eux entrent en collision avec les gratte-ciel (aïe !). Les villes de Toronto et de New York diminuent l'intensité de l'éclairage de certaines tours à bureaux pendant la période de migration, afin de permettre aux oiseaux de mieux s'orienter. Dans un village allemand, les résidants laissent la ville dans le noir et font allumer les lampadaires dans les rues au besoin, grâce à un code activé par leurs téléphones cellulaires. Si nous encourageons d'autres villes à adopter de telles mesures, nous épargnerons des millions d'oiseaux et économiserons de l'énergie.

Pourras-tu s'il te plaît remplacer l'ampoule… quand tu auras terminé tes études universitaires ?

Comme dans plusieurs familles, vous accrocherez peut-être des guirlandes d'ampoules DEL colorées pour guider le père Noël et son traîneau cette année. Les ampoules DEL peuvent durer plus de 30 000 heures, ce qui signifie qu'il se peut fort bien que tu n'aies jamais à remplacer l'ampoule du nez de Rudolph, le petit renne au nez rouge. Même si tu les laisses allumées huit heures par jour, les ampoules DEL peuvent durer dix ans ou plus. Des chercheurs de l'Université Purdue ont récemment découvert un nouveau procédé de fabrication des ampoules DEL, aussi peu coûteux que celui des ampoules fluocompactes. Quand les ampoules DEL auront envahi le marché, nous devrons nous habituer à ne changer les ampoules qu'une fois tous les dix ans.

Question : *Combien de personnes faut-il pour remplacer une ampoule ?*

Réponse : *300, une pour tenir l'ampoule et 299 pour faire tourner la maison.*

Ces derniers temps, de nombreux dirigeants tentent réellement de répondre à cette question : « Comment changer d'ampoules ? » En effet, les ampoules ordinaires sont très énergivores. Elles gaspillent 95 % de l'électricité sous forme de chaleur et n'ont à peu près pas changé depuis que Thomas Edison les a mises en marché il y a 140 ans. En 2007, l'Australie est devenue le premier pays du monde à bannir l'utilisation des ampoules à incandescence. L'Union européenne, avec ses 500 millions d'habitants, ainsi que le Canada et l'Argentine, ont annoncé leur intention de faire de même. Au début de 2009, plus de 40 pays se sont engagés à adopter cette mesure. Si, dans chaque foyer américain, on remplaçait seulement une seule ampoule par une ampoule fluocompacte, plus éconergétique, on économiserait suffisamment d'énergie pour éclairer plus de 2,5 millions de foyers pendant un an et on éviterait la production d'une quantité de gaz à effet de serre équivalant à celle de près de 800 000 voitures. Si tous les habitants de la Terre en faisaient autant, nous réduirions presque de moitié la demande mondiale en électricité pour l'éclairage.

VOICI UNE CHERCHEUSE DE BONHEUR DURABLE

D^re Catherine O'Brien

Université du Cap-Breton, Canada

Imagine le lieu idéal où tu souhaiterais habiter. Tu t'y promènes. Que vois-tu ? Qu'entends-tu ? Que ressens-tu ? La D^re Catherine O'Brien réfléchit beaucoup à toutes ces questions. Elle étudie ce qui rend les gens heureux et cherche des façons de vivre que la Terre peut supporter. Elle a invité des gens de partout dans le monde à lui faire part de leurs idées sur ce qui rend un endroit enchanteur.

Voici ce qu'ils ont dit →

LES DIX QUALITÉS LES PLUS IMPORTANTES DES ENDROITS ENCHANTEURS

1. Il est plaisant d'y circuler à pied ou à vélo.
2. Ils sont paisibles.
3. Ils sont beaux.
4. Ils sont attrayants pour les enfants, les adultes et les aînés.
5. Ils sont pleins de nature et d'espaces verts.
6. Ils sont accueillants.
7. On peut y entendre le bruit agréable de l'eau, le vent, les conversations des gens, le chant des oiseaux, ou y apprécier le silence.
8. On y sent l'odeur de la terre, de l'eau, des fleurs et de la nourriture.
9. Ce sont des endroits parfaits pour se détendre.
10. Ils offrent des possibilités infinies de jardiner, de nager, de faire du camping, du canot, de la randonnée, de faire la sieste ou tout simplement de réfléchir.

Le premier choix de Catherine : une charmante communauté durable

« Le Barefoot College, au Rajasthan, en Inde, est un excellent exemple de lieu où l'on s'est demandé comment réorganiser le système d'éducation de façon à soutenir les communautés de cette région très pauvre. Le campus est entièrement alimenté par l'énergie solaire. On y recueille l'eau de pluie et on cultive des aliments biologiques. Des médecins "aux pieds nus" donnent des soins aux personnes les plus pauvres de la région. Ensemble, les gens ont créé un programme qui améliore le bien-être des gens, des communautés, de l'environnement, ainsi que celui de la prochaine génération. »

Catherine est la première à faire le lien entre l'étude du bonheur et l'étude de l'utilisation durable des ressources de la Terre. Voici comment elle définit ce nouveau domaine de recherche :

Bonheur durable *(n.m. + adj.)*

Le bonheur durable est un bonheur qui contribue au bien-être de la personne, de la communauté ou de la planète, sans exploiter les autres personnes, l'environnement ou les générations futures.

Quelle est la personne la plus heureuse que tu connais ?

Catherine demande à ses étudiants de réfléchir à la personne la plus heureuse qu'ils connaissent et elle les envoie l'interviewer. Donne-toi cette même tâche. Tu découvriras fort probablement que le bonheur n'est pas lié à la richesse, mais à des relations heureuses, à des activités signifiantes et au fait d'avoir une véritable raison d'être. C'est là une bonne nouvelle pour notre planète, car si nous épuisons si rapidement les forêts, les rivières et le pétrole, c'est en grande partie parce que les gens ont essayé d'acheter le bonheur en acquérant plus de choses... sans succès.

Comment étudier le bonheur quand on est de mauvaise humeur ?

Ce n'est pas facile ! Mais Catherine explique que plus on étudie le bonheur, plus on est conscient des moments où l'on est de mauvaise humeur, et on ne le reste pas longtemps. « On ne se sent pas bien quand on est de mauvaise humeur, mais c'est une expérience tellement courante pour certaines personnes qu'elles ne s'en rendent même plus compte. Elles n'ont pas conscience que c'est un choix. »

Les prévisions de Catherine pour la prochaine décennie

Les ingénieurs des transports, qui conçoivent les systèmes de transport dans nos villes, réfléchissent rarement à l'incidence de l'emplacement des routes sur les déplacements des enfants ou sur le degré de bonheur des gens. De nos jours, toutefois, on s'inquiète de plus en plus du manque d'exercice des enfants et de l'augmentation de l'obésité chez les jeunes. Catherine prévoit que davantage de professionnels en santé publique participeront aux rencontres sur les transports et que les résultats des recherches sur le bonheur seront appliqués à nos planifications urbaines. D'ici dix ans, elle croit que plus de pays évalueront le bien-être de leurs citoyens et la durabilité de leur environnement, par exemple grâce à l'indice de progrès réel (IPR).

Qu'est-ce qui te rend heureux ?

Marcher sous la pluie ? Aller glisser ? Te blottir sous une couverture douillette ? Faire des câlins à ton chien ? Observer un papillon ? Prends le temps d'en prendre conscience et remplis ta vie d'expériences agréables.

Quand je serai grand, je veux être riche !

Cela semble évident, n'est-ce pas ? Mais est-ce bien vrai ? Et que signifie vraiment « être riche » ? Si cela veut dire avoir plus d'argent que les autres, alors tu es probablement beaucoup plus riche que tu ne le crois. Si le revenu de ta famille est supérieur à 4 000 $ par année, tu es plus riche que 85 % des habitants de la planète. Trois milliards de personnes, soit près de la moitié des humains, vivent avec moins de 2,50 $ par jour.

D'après une équipe de scientifiques de l'Université de Colombie-Britannique, donner de l'argent à quelqu'un rend encore plus heureux que s'acheter quelque chose pour soi.

PLANÈTE HEUREUSE, VIE HEUREUSE

Des enfants de partout dans le monde ont d'excellentes idées sur les moyens à mettre en œuvre pour mener une vie heureuse sur une planète heureuse. L'un des plus importants est certainement de choisir de « vivre sur une seule planète », en n'utilisant pas plus que notre juste part des ressources de la Terre. Un autre moyen consiste à réparer les dommages déjà causés. Tous les deux ans, près de mille enfants de ton âge, provenant de plus d'une centaine de pays, se rassemblent pour proposer des solutions pour y arriver. L'un d'eux est Felix Finkbeiner, qui a mis sur pied le projet « *Plant for the Planet* Allemagne » en 2008, quand il avait neuf ans. Dès la fin de 2009, des milliers d'enfants de plus de 500 écoles d'Allemagne avaient planté un million d'arbres. Le prochain objectif de Felix est de planter un million d'arbres dans chaque pays de la Terre. Mais ce qui le motive surtout, c'est de se servir de l'intérêt que les gens portent aux arbres pour les sensibiliser à des sujets plus complexes, comme la justice climatique et l'échange de droits d'émission de carbone.

De vieilles villes choisissent des solutions pour « vivre sur une seule planète »...

Les résidants de Curitiba, au Brésil, ont verdi leur ville en plantant 1,5 million d'arbres. Ils ont résolu les problèmes d'inondation de la ville en détournant les eaux dans des lacs au milieu de parcs nouvellement créés. Ils paient les pauvres pour nettoyer les parcs et récompensent les gens des agglomérations de squatteurs qui font recycler leurs déchets en leur donnant des billets d'autobus ou des œufs, du lait, des oranges ou des pommes de terre provenant de fermes locales. Curitiba recycle les deux tiers de ses déchets ; c'est l'un des taux les plus élevés pour une ville. Les constructeurs reçoivent un allègement fiscal si leurs projets comprennent des espaces verts. La ville est desservie par des pistes cyclables et un système d'autobus efficace et bien utilisé.

... et de nouvelles communautés aussi !

Des communautés toutes nouvelles, comme BedZed à Londres, en Angleterre, surgissent aussi un peu partout dans le monde. Ce sont des endroits spéciaux qui planifient dès le départ de « vivre sur une seule planète », en s'assurant que tout, des aliments que mangent les résidants jusqu'à l'endroit où ils travaillent, est conçu pour être renouvelable et ne produit pas de gaz à effet de serre. Masdar, la « plus grande cité écologique du monde », est en construction aux Émirats arabes unis. Elle promet d'être la première ville du monde sans émission de carbone et sans déchets. En construisant de grands ensembles d'habitation, où les gens vivent près les uns des autres dans des tours d'habitation ou des maisons en rangées, par exemple, la ville de Vancouver réduit son empreinte écologique et permet aux gens de marcher plus facilement pour se rendre au parc, à la garderie, au cinéma, au centre sportif ou au travail. Partout sur la planète, des communautés courageuses imaginent des façons de vivre durables dans leur environnement immédiat et obtiennent des résultats bien réels et inspirants !

ELIN EST PLEINE D'ESPOIR, SOIS-LE AUSSI

Je suis triste d'achever ce livre, parce que j'ai beaucoup aimé y travailler. Mais pour être honnête, cela n'a pas toujours été plaisant. Faire des recherches sur les horreurs des déchets électroniques ou sur la pollution par le plastique est plutôt déprimant. Et pourtant, cela m'a réellement passionnée. Des changements positifs se produisent partout sur la planète. Les gens transforment le monde en développant de nouvelles technologies (tu te souviens de toute cette électricité produite grâce au caca !), ou bien en adoptant des lois, comme l'Union européenne l'a fait pour réduire les déchets électroniques. Certains, comme le chef Luke, provoquent des changements en donnant l'exemple. D'autres inventent de nouvelles approches, comme le concept d'écolo-économie, pour revoir notre façon d'évaluer la Terre. Comment créer une vie heureuse pour nous-mêmes et pour les millions d'autres espèces ? Les choix qui s'offrent à nous sont infinis. Prendre son vélo. Partager nos affaires. Jouer dehors. Manger moins de viande. Faire des folies. Jouer plus souvent. Choisir un problème et s'y attaquer, même si cela ne le règle que partiellement. Recycler les téléphones cellulaires. Continuer de jouer. ***Réduire. Réinventer. Rendre heureux !***

Quelle est ta vision d'une vie heureuse sur une planète heureuse ?

La société humaine a changé davantage au cours du dernier siècle que pendant les dix mille années qui avaient précédé, grâce à l'énergie fournie par le pétrole et le gaz. Avec les réserves de pétrole qui diminuent et les inquiétudes croissantes au sujet du réchauffement climatique et d'autres problèmes environnementaux, tes amis et toi inventerez de nouvelles visions d'une vie qui tient compte des ressources de notre planète. Penses-tu que cela passera par la disparition des armes de guerre et des armes nucléaires ? Ou imagines-tu quelque chose de plus simple, comme des jardins potagers remplaçant la pelouse devant les maisons ? Ou encore des habitations conçues pour être rafraîchies par les arbres et chauffées par le soleil, plutôt que par des climatiseurs et des fournaises ? Et pourquoi pas de nouvelles approches de l'agriculture, qui permettraient aux animaux sauvages et aux cultures de prospérer ?

Ce que nous rêvons et nos façons de le bâtir auront des conséquences énormes sur notre planète au cours du siècle prochain. Quand tu auras 30 ans, environ la moitié des édifices d'Amérique du Nord auront été construits après ta naissance. Au cours des 12 prochaines années, la Chine construira l'équivalent d'une Amérique entière de maisons, d'édifices à bureaux et d'usines. Comme le dit Hal Harvey, un expert des changements climatiques : « Ne construisons pas des édifices stupides ! Si nous bâtissons des communautés éconergétiques comme Copenhague, au Danemark, nous serons gagnants. »

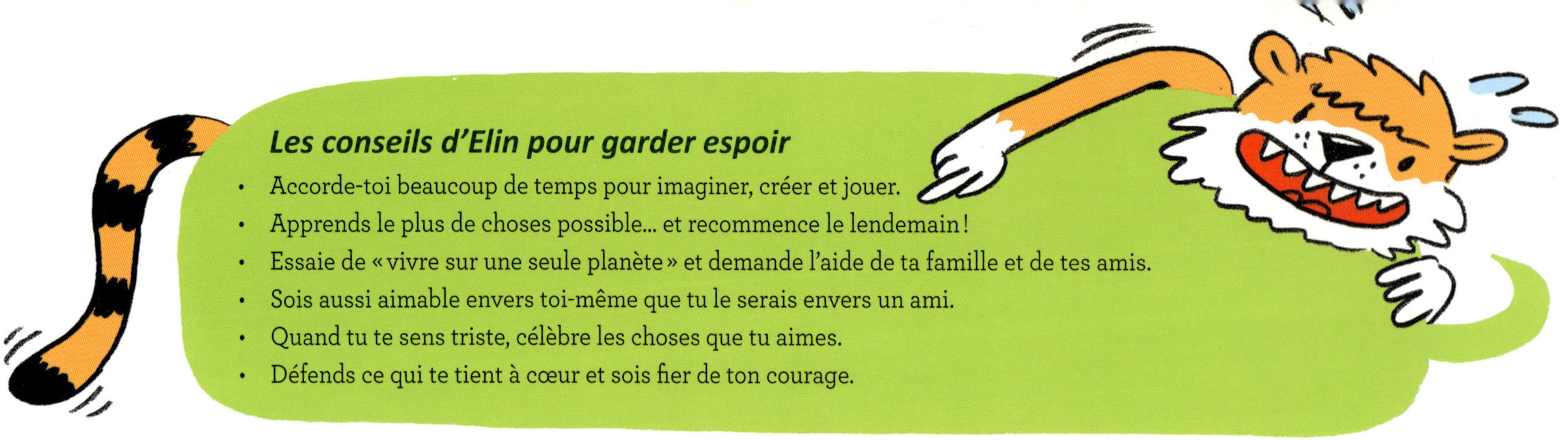

Les conseils d'Elin pour garder espoir

- Accorde-toi beaucoup de temps pour imaginer, créer et jouer.
- Apprends le plus de choses possible… et recommence le lendemain !
- Essaie de « vivre sur une seule planète » et demande l'aide de ta famille et de tes amis.
- Sois aussi aimable envers toi-même que tu le serais envers un ami.
- Quand tu te sens triste, célèbre les choses que tu aimes.
- Défends ce qui te tient à cœur et sois fier de ton courage.

Index

Elin souhaite remercier les douzaines de scientifiques qui ont aimablement partagé leur savoir dans le cadre de la création de ce livre. Remerciements particuliers aux gens merveilleux du Writers' Trust of Canada et de Berton House, où ce livre est né. Merci aussi aux talentueux professionnels d'Owlkids Books, aux personnes ingénieuses de l'aquarium de la baie de Monterey, aux gens optimistes de worldchanging.com et à tous ces enfants brillants de l'école Robert Down. Gros câlins à Andy, Kip et Esmé pour leurs idées géniales et leur inspiration constante.